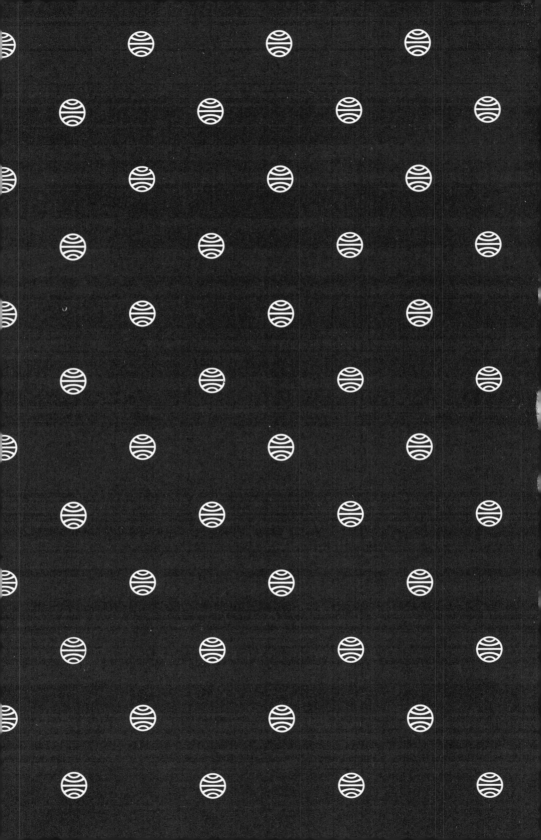

ÍNGRID Y YO

UNA LIBERTAD DULCE Y AMARGA

Juan Carlos Lecompte

ÍNGRID Y YO
UNA LIBERTAD DULCE Y AMARGA

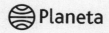 Planeta

Título original: *Ingrid et moi, une liberté douce-amère*
© Éditions Alphée, Jean Paul Bertránd, 2010

Fotografía de cubierta: © AFP PHOTO/Rodrigo Arangua, 2008

© Juan Carlos Lecompte, 2010
© Editorial Planeta Colombiana S. A., 2010
   Calle 73 N.º 7-60, Bogotá
© Traducción: Ximena Fidalgo

ISBN 13: 978-958-42-2394-4
ISBN 10: 958-42-2394-1

Primera edición: mayo de 2010
Segunda edición: junio de 2010
Tercera edición: julio de 2010
Cuarta edición: agosto de 2010

Armada electrónica: Editorial Planeta Colombiana S. A.

Impresión y encuadernación: Editorial Linotipia Bolívar

A mi madre, Zeida.
A agosto y octubre.

ÍNDICE

I
SU LLEGADA

Mi esposa regresa hoy. Herbin Hoyos me dio la noticia al mediodía, por teléfono. Hablándome en voz baja, como para despertarme de un largo sueño. "¡Juan Carlos, los dejaron en libertad, liberaron a Íngrid y a otros catorce rehenes!". Hace 2.321 días que la espero. El locutor del programa *Las voces del secuestro*, de Caracol Radio, quería decírmelo él mismo. "¡No hubo ni un solo disparo en esta operación!". Tiene la voz quebrada. Está emocionado. Yo no. Todavía no. No puedo. "¿Sabes cuántas veces me han anunciado la liberación de Íngrid? Herbin sabe, él mismo es un ex rehén. Durante quince años, cada semana en la noche de sábado a domingo, abre los micrófonos de su emisión nocturna a las familias de los secuestrados en Colombia. Insiste: "¿Acaso te he llamado antes para anunciártelo?". Nunca, es verdad... "Es un hecho, ya están en el avión y pronto llegarán. ¡Ve a buscar a Íngrid y después prométeme que no vas a olvidar a los demás secuestrados!".

Íngrid Betancourt, mi esposa, fue secuestrada de las FARC durante seis años, cuatro meses y nueve días.[1] Los conté. Por eso me da miedo sentir felicidad, o soñar. Vuelvo mecánicamente a otros asuntos. Desde hace poco más de un año tengo un trabajo en una agencia de publicidad en Bogotá. Dejé todo durante los primeros cinco años del cautiverio de Íngrid, pero después de haber agotado mis ahorros y haber vendido mi antiguo apartamento, me tocó buscar trabajo. Frente a mis socios, trato de hacer un cambio. De consagrarme a la campaña que estamos haciendo. Obviamente, tengo la cabeza en otra parte. Con ella, donde quiera que esté. El temor a ser decepcionado me hace un nudo en el estómago. Un periodista, dos periodistas, una decena de periodistas me llaman. Enésima llamada. "Parece que esta vez es verdad", insiste Roberto, un creativo de la empresa. Algunos colegas comienzan a felicitarme. "¡Juan Carlos, su pesadilla ha terminado, acaban de anunciar en la televisión que Íngrid ha sido liberada!". Juan Manuel Santos, el ministro colombiano de Defensa, ha confirmado la noticia.

Íngrid, tres rehenes estadounidenses y once soldados colombianos han sido liberados por el ejército colombiano.

No tengo otros detalles sobre la operación. Pero hoy, miércoles 2 de julio de 2008, Íngrid Betancourt ha sido liberada. Realmente liberada.

Me voy. Voy a encontrarme con mi esposa. Llamo a Yolanda, la madre de Íngrid, que también se acaba de enterar de la noticia. Nos vamos a encontrar en el aeropuerto militar. Debo pasar rápido por mi apartamento, nuestro

---

1   Las Fuerzas Armadas Revolucionarias de Colombia (FARC), son el principal grupo guerrillero en el país.

apartamento. No he dejado el lugar donde vivimos con Íngrid. Tampoco he cambiado nada. Su bata de baño sigue colgada en el mismo lugar. Su ropa está todavía en el armario. Su reloj en la mesa de noche, su cepillo de dientes, su jabón. Como si nunca se hubiera ido.

Un automóvil me espera abajo con un oficial, quien me da un saludo militar y me dice: "Señor Lecompte, estoy aquí para llevarlo al aeropuerto militar donde su mujer va a llegar. También vamos a ubicar en la parte baja del edificio un dispositivo de seguridad, para que su regreso con ella se dé en las mejores condiciones". Íngrid está por llegar.

Debo cambiarme rápido. Un *jean* y una camiseta parecen algo descuidados para la ocasión. Pienso en Melanie y en Lorenzo, sus hijos, que viven en París. En Fabrice, su ex marido. En Astrid, su hermana. En los miles de miembros del comité de apoyo en Francia, en Colombia y en otros países. Pienso en mi madre. Me llamó en llanto al escuchar la noticia. Llora y me abruma. Mi madre es más creyente que yo. Durante más de seis años le rezó a Dios todos los días. Ordenó varias misas por Íngrid. Incluso se ha impuesto peregrinaciones de rodillas para obtener su liberación. Todo el mundo ha tratado de ser oído a su manera. Y ahora todo el mundo tiene sólo un deseo. Abrazarla.

Rápidamente me puse una camisa verde muy clásica y un pantalón negro antes de subir al carro oficial. Mi teléfono se bloquea. En Colombia soy conocido por la batalla que libré. A pesar de mí mismo, me convertí en una pequeña celebridad. Años peleando para lograr liberar a Íngrid, pero también a Clara Rojas, su jefe de campaña, y a otros miles de secuestrados. El viaje me parece interminable. Mi conductor me sonríe en el espejo retrovisor. "Su lucha da finalmente frutos, señor Lecompte. Su tortura ha terminado!". Tengo muchas ganas de creerlo.

Ya en Catam, la base militar contigua al aeropuerto internacional de Bogotá, Yolanda me espera en un vehículo blindado del Ministerio de Defensa. Nos abrazamos. Una escena inusual, no lo oculto. Por diversas razones, Yolanda y yo no somos los mejores amigos del mundo. Pero hoy, nada más tiene importancia. Estamos aquí por Íngrid. Aunque no siempre hemos estado en la misma sintonía, somos los que hemos luchado por ella.

Quiero enterarme de las noticias. Los detalles sobre la operación militar siguen siendo confusos. Los rehenes fueron recuperados en San José del Guaviare, en donde los dejó el helicóptero que los evacuó de la selva. Ahora es cuestión de que los familiares se encuentren con ellos durante una escala en Tolemaida, sobre la vía a Bogotá. Un avión fue fletado para las familias de los quince rehenes. Por Íngrid sólo estamos su madre y yo. Sus hijos y su hermana están todavía en París. Despegarán pronto del aeropuerto de Villacoublay con destino a Colombia. Mientras tanto, trato de imaginar la escena de nuestro reencuentro. Muchas veces pensé en ello, para aguantar. Para matar el tiempo sin ella. Repaso siempre la misma escena. Me imagino un largo y fuerte abrazo durante varios minutos en silencio, sin decirnos nada.

Despierto. Un coronel de la Fuerza Aérea viene hacia nosotros y le tiende un teléfono a Yolanda. Cambio de planes: los rehenes finalmente aterrizarán en Bogotá. Vienen en camino. Íngrid está en la línea, pidió hablar con su madre desde el avión. Yolanda se alejó unos metros. Apenas escucho que le dice: "Hijita, querida, todo ha terminado, la pesadilla ha terminado, te amo". Terminé acercándome para pedirle el teléfono. Yo también necesito hablarle, necesito escuchar su voz.

Un sueño termina.

Le dije: "¡Nini, la pesadilla ha terminado, qué felicidad, finalmente vamos a volver a estar juntos!". Ella sólo me respondió: "Sí, Juanqui, qué bueno, nos vamos a ver". Es extraño. Dijo esto con voz plana, sin alegría o emoción. Pareciera que su corazón no está allí. Trato de no parecer sorprendido. Un escalofrío recorre mi espalda, espero lo peor. Tal vez ella no se da cuenta de lo que está sucediendo. Tal vez ella simplemente está agotada... Una psicóloga me dijo una vez: "Cuando Íngrid sea liberada, su reacción puede sorprenderte, cualquier cosa puede pasar". Mi mujer ha pasado más de seis años en cautiverio. Obviamente, nada será como antes.

De repente, en el asfalto caliente del aeropuerto en Bogotá, tengo frío.

Un cuarto de hora después de nuestra breve conversación, su avión aterriza. Debo hacer buena cara. Decenas de periodistas agrupados detrás de una barricada están gritando mi nombre y pidiendo una última declaración antes de asistir a nuestro reencuentro.

No puedo decirles lo que pienso.

Mi mujer no volverá a casa esta noche.

II

HA LLEGADO

Íngrid descendió por la escalerilla sin ayuda de nadie. Flota dentro de un uniforme militar y carga una mochila grande. Son las cinco y veinte de la tarde en Bogotá, hora de su liberación, y de la mía. Está radiante. También terriblemente delgada. No puedo decir que me pareciera bella. Me impacta su palidez. Lleva el calvario en la cara. Íngrid tiene los rasgos marcados y ese tono traslúcido tan propio de los rehenes. En Colombia se dice a menudo que los rehenes cogen un color "selva" durante su cautiverio.[2] Nunca ven el sol y la piel se vuelve extraña, toma un color ceniza.

---

2   Clara Rojas, liberada seis meses antes que Íngrid Betancourt, confirma en el relato histórico de su detención, *Cautiva* (Editorial Norma, 2009): "Vivir en la selva es vivir en una penumbra constante. Por encima de nosotros, los enormes árboles, como un bosque de edificios, despliegan sus hojas opacas y dejan filtrar apenas la luz. Sin contar con que los guerrilleros siempre instalan sus campamentos en los lugares más densos para evitar ser localizados por un avión militar. La falta de luz solar vuelve la piel muy pálida y, finalmente, causa problemas de visión".

Lleva puesto un curioso sombrero que la hace ver muy rara. Me dije a mí mismo que nunca la había visto con sombrero, siento que es una mala señal.

Quiero ver sus ojos. Busco su mirada pero está en otro lado. Íngrid baja por la escalerilla y se lanza en brazos de su madre. Se estrechan por un buen rato, en un hermoso abrazo. La reunión entre dos seres que se aman... Sus largas pestañas bordean sus ojos húmedos. Las cámaras de la televisión colombiana captan la escena. Madre e hija tienen los ojos brillantes. Una hermosa escena de amor.

Estoy todavía fuera de foco. Quisiera estar en otra parte. Con ella, pero en otro contexto. Es mi turno de abrazarla. Tengo tantas ganas de estrecharla contra mí. Me enfrío rápidamente. Íngrid me sonríe y me da... un espaldarazo. Si supieran lo que me costó hallar una palabra que describiera esta reunión fallida, este reencuentro sin emoción entre nuestros dos cuerpos. Lamentablemente, no veo otra. Quise estrecharla por más tiempo, con más fuerza. Pero ella inmediatamente me soltó, y el abrazo quedó reducido a un simple y simpático espaldarazo. Eso es: un gesto amable, pero un poco forzado. Casi protocolario. Me miró a los ojos y solamente dijo: "¿Qué hay de nuevo, Juanqui? La banalidad de esta frase me hubiera destruido en el acto si no hubiera hablado con ella cuando aún estaba en el avión. Gracias a nuestra breve conversación telefónica tuve quince minutos para prepararme un poco psicológicamente. Sabía que no iba a encontrar a mi esposa de inmediato. Que no retomaríamos nuestra relación donde la dejamos seis años antes, en nuestro dormitorio. La llamo Nini, y ella me contesta Juanqui. Dos nombres insignificantes, una falsa intimidad. Su corazón no está allí. Su cuerpo tampoco. Quisiera encontrar las palabras para retenerla. No sé qué hacer.

Soy su marido, he luchado por ella durante los últimos seis años y, de repente, mi presencia parece inoportuna, fuera de lugar. Le di un beso en la mejilla, que ella no correspondió. Prefirió pegarse contra su madre. Sólo estiró el brazo para cogerme el mentón y decirme: "Estoy viva, estoy aquí". Me dio unos golpecitos en la mejilla. Este gesto, inofensivo, torpe, aún me persigue. Hay todavía desconocidos que imitan este gesto para burlarse de mí con gentileza. Lo tomo bien. Es mejor reírse, supongo... Así es. Al descender del avión, Íngrid me calmó, como quien tranquiliza a un perro demasiado ansioso. Me dio unos golpecitos en la mejilla, que para mí fueron como una bofetada. Me esforcé para no sacar ninguna conclusión. Después de todo, mi psicóloga me había prevenido: "Cuando Íngrid sea liberada, su reacción puede sorprenderte, cualquier cosa puede pasar..." Probablemente no lo hizo a propósito. Nunca pensé, ese 2 de julio de 2008, que nuestros caminos se iban a separar en la pista del aeropuerto militar de Bogotá. Todavía quería creer que nuestro amor era más fuerte que eso. Íngrid sabía cuánto había luchado por ella. Durante seis años había escuchado mis mensajes de apoyo por la radio. Debió enterarse de nuestra gran movilización. A su vez, ella siempre me había reiterado su amor en las extrañas "pruebas de vida" que sus captores nos quisieron hacer llegar. Otros rehenes liberados antes que ella, como Luis Eladio Pérez y John Frank Pinchao, me aseguraron también que contaba con el amor de mi esposa, animándome a "mantenerme firme". No, las FARC no nos robarían eso, al menos no inmediatamente. Íngrid y yo no podíamos terminar allí.

Resulta algo prematuro y fuera de lugar pensar en mí este 2 de julio de 2008. Prefiero hacerme a un lado. Liberé

a Íngrid de su mochila para disimular mis sentimientos.
Las cámaras se alejan de mí y la siguen entre la multitud.
Me quedo solo con su morral, como un buen amigo en una
fiesta. Desilusionado y deprimido como un adolescente
recién abandonado. Aliviado, porque la atención está en
otra parte. Por unas horas más, Yolanda y yo debemos
compartir a Íngrid con el resto del mundo. Es normal.
Los medios de comunicación requieren a Íngrid. Los
funcionarios oficiales también. El ministro de Defensa de
Colombia se trasladó para recibirla. Una rueda de prensa
es improvisada en el aeropuerto. E Íngrid se ve tan feliz.
Seis años de cautiverio no han manchado sus habilidades
oratorias, ni en español ni en francés.

Después de agradecer a Dios, a los colombianos y al
ejército, comenzó la narración de la liberación. Contó
cómo los guerrilleros les habían solicitado a los quince
secuestrados liberados hacer sus "maletas" bajo el pretexto
de una reunión con líderes de las FARC. No sospechó en
el momento que algo se estuviera tramando.

"Mi corazón latía muy fuerte", resumió Íngrid.[3] Eran
helicópteros blancos y sentí que se trataba de algo importante. Cruzamos un río, vigilados por un guardia. Los
helicópteros llegaron y algunos individuos salieron. Decían
que eran delegados de no sé qué. Me dije: "¿Quiénes son?
¿Qué ONG?". Tenían camisetas del Che Guevara y pensé:
"Esto no es una ONG, no es una acción humanitaria". Nos
dijeron que podríamos subir a los helicópteros a condición
de ir esposados. Nos subimos. Debíamos ponernos unas
chaquetas blancas, porque nos dirigíamos hacia climas
fríos. Cerraron las puertas y cuando despegamos, de re-

---

3   Declaró Íngrid Betancourt tras su liberación.

pente, ocurrió algo importante. ¡Vi al comandante de las FARC, que tantas veces había sido cruel con nosotros, lo vi en el suelo, con los ojos vendados! No crean que yo estaba muy feliz. Sentí lástima por él. El jefe de la operación dijo entonces: "Somos el Ejército Nacional, son libres".

El helicóptero casi se cae de todo lo que saltamos de alegría, y nos abrazamos. Es un milagro y lo quiero compartir con todos".

Según la versión oficial, la misión de rescate denominada Operación Jaque habría sido lanzada en la mañana del miércoles y llevada a cabo con ayuda de un helicóptero del Ejército, camuflado como aeronave privada. El helicóptero habría aterrizado en un rincón de la selva, donde los esperaba César, jefe del grupo de secuestradores. Agentes encubiertos al parecer lo habían convencido de llevar a los rehenes a ver a Alfonso Cano, el nuevo líder de las FARC. Utilizo el condicional a propósito. Porque desde el primer día, y más aun hoy, creo que esta historia es un poco demasiado simplista y hollywoodense para ser verdad...

Pero sigamos. No era el propósito algunas horas después de su liberación. No todavía. Era demasiado pronto. Así que escuché sin pestañear a Íngrid agradecer a su enemigo de ayer, el presidente de la República, Álvaro Uribe[4], por su papel en su liberación.

"Mis familiares tenían miedo de una liberación militar, pero yo siempre pensé que era la mejor solución", concluyó Íngrid. "Agradezco al presidente Uribe. Actuaron de ma-

---

4   Álvaro Uribe fue elegido presidente de la República en 2002 y reelegido en 2006. Este liberal, antiguo adversario político de Íngrid Betancourt en las elecciones presidenciales, sedujo a los colombianos por sus palabras duras contra la guerrilla y su deseo declarado de restablecer la autoridad del Estado en todo el territorio nacional.

nera impecable. Todo el mundo está vivo, nadie resultó herido. Quisiera que los colombianos y los secuestrados sepan que podemos confiar en nuestro ejército".

Su tributo me perturbó. Durante seis años, Uribe no fue realmente un aliado fuerte ni constante. Pero yo me callo. Repitiéndome que ya tendremos ocasión de hablar de nuevo...

Todo a su tiempo. Ya es hora de volver a las oficinas del aeropuerto. Decidí dejar las preguntas que enfurecen para más tarde. En fin, lo intento. Suena mi celular. Tomo la llamada porque es otra vez mi madre y no dudo que esté inquieta. Es difícil ocultarle las cosas, engañarla. Es más, tan pronto como contesté la llamada comenzó a llorar. Vio imágenes y se planteó inmediatamente muchas preguntas. Trato de calmarla, de decirle que todo está bien. Afortunadamente, Íngrid accedió a hablar con ella. Respiro. Incluso bromeó con ella. Le oí preguntar: "¿De qué color tienes el pelo ahora?". A pesar de su avanzada edad, mi madre tiene un lado un poco excéntrico... A ella le encanta teñirse el pelo de rojo, y me impresiona que Íngrid lo recordara. Habló con mi padre también. Esa tarde, mi teléfono no dejó de sonar. Muchos de mis amigos llamaron. Le pasé algunos a Íngrid, pero había muchas demandas de todos lados como para podernos aislar y hablar un poco los dos. A veces me sentaba a su lado e intentaba un acercamiento. Le tomaba la mano. Cuando sentía que ella no era muy receptiva, me alejaba de nuevo.

Nos quedamos durante dos horas en el aeropuerto. Íngrid hizo varias declaraciones y respondió decenas de entrevistas. Conscientemente o no, mi esposa comenzó a ignorarme aún más. Tenía muchas ganas de que me comiera la tierra, cuando, durante su primer discurso, dio las gracias a todo el planeta, excepto a mí. Todo el mundo estaba allí. Dios, su madre, sus hijos, su hermana, su ex marido, el presidente Uribe, el presidente francés Sarkozy, Jacques Chirac, Dominique de Villepin e incluso su esposa, Marie-Laure de Villepin. Todos sus amigos, excepto yo. No estoy exagerando: ¡no me citó ni una sola vez! No puedo creer que se olvidó de mí voluntariamente. Sin embargo, lo hizo. No estoy detrás de los honores, pero tampoco detrás de la humillación pública... Mi estoicismo tiene sus límites. ¡Incluso agradeció a toda Colombia, cuando la mayoría de la gente no hizo nada por ella! Casi todos los colombianos están cansados de la guerra y no quieren ver al gobierno arrodillado ante las FARC. Hasta la fecha, los guerrilleros tienen en su poder a cerca de dos mil secuestrados en la selva. Algunos son rehenes desde hace diez, doce años... Esta situación carcome a miles de familias y mina la moral de la población. Así que, en verdad, a muchos en el país poco les importaba la suerte de Íngrid Betancourt. La mayoría de los colombianos estaba de acuerdo con una intervención militar agresiva, a riesgo de matar a los rehenes, sacrificándolos en aras de la nación. Exactamente lo contrario de lo que nosotros, los familiares de Íngrid, solicitábamos. Durante todos estos años, su familia luchó por ella, contra la indiferencia, contra el gobierno y también contra los colombianos. Durante las veintiocho horas que estuve con ella, entre su liberación y su partida a Francia, tuvo que dar dos centenares de entrevistas y claro dar las gracias a todo el mundo. Nunca oí pronunciar mi nombre. Mi madre, mis amigos, incluso muchos desconocidos me han hecho la reflexión desde entonces. Lo tomé como otra bofetada. Me lo tragué. Obviamente, en ese momento, parecía inadecuado hacerle la observación. Tal vez debí hacerlo.

Esta noche, la fiesta sigue. No hay tiempo para discutir, somos atendidos en un club militar, donde nos reuniremos personalmente con el presidente Uribe. Recuerdo un frenesí dulce en Bogotá, como si Colombia hubiera ganado de repente el Mundial de fútbol. Íngrid como un trofeo que nadie quería soltar. Nuestro convoy fue seguido por una horda de periodistas y fotógrafos. Íngrid, Yolanda y yo precedíamos el cortejo en el carro del general Mario Montoya Uribe, familiar del presidente. El viaje duró veinticinco minutos bajo una escolta militar impresionante. Para añadir a la naturaleza surrealista de la escena, este señor nos contó a su vez los detalles tras bastidores de la Operación Jaque. Dicho de otra forma, cómo, según él, el gobierno colombiano había logrado sin ayuda de nadie frustrar la vigilancia de la guerrilla de forma totalmente a lo James Bond. Escuchándolo, primero habían logrado imitar las voces de varios líderes estratégicos como el Mono Jojoy, jefe del grupo de rehenes que incluía a Íngrid. De esta forma habrían sido capaces de engañar al comandante a cargo de los rehenes, Gerardo Aguilar Ramírez, alias *César*. Y, finalmente, habrían burlado su vigilancia al disfrazarse de periodistas y miembros de la Cruz Roja Internacional. ¿De quién nos estamos burlando? Si la situación hubiese sido menos formal, creo que me habría echado a reír. Él no. Estaba muy serio: esta historia como para quedarse dormido de pie lo mantuvo bastante ocupado durante todo el trayecto. ¡Estaba tan orgulloso de sí mismo! No creí ni una sola palabra de este guión simplista. Si los combatientes de las FARC fueron tan idiotas, esto se sabría... La verdad, mucho más compleja, va más allá, es evidente.[5]

---

5   Desde la liberación de Íngrid Betancourt, Gerardo Aguilar, alias *César*, fue extraditado a Estados Unidos. Las FARC también lo han acusado de ser un

Creo que Yolanda estaba tan aterrada como yo. Íngrid, sin embargo, no mostró ningún escepticismo. Hasta ahora, nunca le he oído formular la más mínima duda sobre esta versión. No obstante, esperaría que piense lo mismo.

No volvimos a hablar esa noche. Al llegar a la recepción organizada en honor a los secuestrados liberados, Íngrid y yo estábamos de nuevo separados. Una gran mesa estaba dispuesta para el presidente y los miembros del gobierno, una fila de honor para los ex rehenes, y el resto para la prensa y los familiares de los once colombianos liberados. Los tres rehenes norteamericanos ya se habían ido para Estados Unidos.

Me senté junto a Yolanda. El presidente Uribe llegó. Dio la bienvenida a los ex rehenes y a sus familias e inició un largo discurso de cuarenta minutos en honor al ejército. Aproveché para charlar en voz baja con Yolanda, como dos estudiantes dispersos en la parte de atrás de la clase. Preferí no hablar de mis preocupaciones. De todos modos, Yolanda estaba especialmente perturbada por la hipocresía del ambiente. Sobre este punto, estaba completamente de acuerdo con ella. Muchas veces ella y yo combatimos juntos las posiciones del presidente Uribe sobre los rehenes y deplorado su inmovilismo. A pesar de todo, terminó por devolvernos a Íngrid. Después de seis largos años, sin duda, pero esa noche ella estaba ahí, con nosotros. "¿Te das cuenta de todos los sapos que nos vamos a tener que tragar frente al presidente?", dijo enervada Yolanda. "No tengo ganas de darle las gracias porque no se las merece". Le contesté que dejara su orgullo a un lado: "Olvida todo

---

traidor a la causa y de haber sido cómplice en la operación, probablemente por una suma de dinero.

eso, Yolanda. Tu hija está aquí, es lo más importante. Si tenemos que agradecerle, lo hacemos. Yo voy a hacerlo, por pura cortesía". Acabábamos de preguntarnos cómo iba a reaccionar Íngrid al verlo. En realidad no habían quedado como buenos amigos. Pero no, ella no dijo nada especial. Al contrario, parecía muy locuaz, muy agradecida con él. Eso me inquietó. Esa noche, ella lo trataba como el mejor presidente del mundo. Preferí no comentarlo frente a Yolanda.

Debíamos dejar a Íngrid saborear su primera jornada de libertad a su manera. Alrededor de las nueve de la noche, partimos hacia la Casa de Nariño, el palacio presidencial. Era una locura. Las principales cadenas de televisión modificaron los horarios de todos sus programas para transmitir el evento en vivo. Íngrid se había levantado a las cinco de la mañana en plena selva. Sin embargo, no podía dejar de comer, de hablar, de responder a las preguntas de los periodistas. ¡A las 11:30 todavía estaba como si nada! En lugar de ir a casa, como habían hecho todos los demás rehenes, aceptó todavía participar en una emisión de televisión en vivo con Clara Rojas, su ex directora de campaña, secuestrada con ella, pero liberada seis meses antes, el 10 de enero de 2008.

Me mantuve apartado. Seguí vigilando sus cosas, jugando el papel del buen amigo. La noche ya se acababa. Estaba ansioso de que terminara para poder sacar todos mis sentimientos. Estaba feliz por Íngrid y, sin embargo, me resultaba difícil alegrarme. No podía apartar la mirada de su gran mochila. No temía que me la robaran, no, sólo que era tan pesada... Yo sabía que contenía ropa, zapatos, libros. Una parte de su vida que traía de la selva y de la cual no se despojaría tan fácilmente...

Al final de la noche, Íngrid me daba la espalda. Observaba su nuca. Estaba perturbado con su magnífico cabello, tan largo, tan fino. Por mucho tiempo he estado enamorado del pelo de Íngrid. Ella siempre quería anudarlo para evitar que se enredara. Yo prefería que lo dejara suelto. Podía pasarle los dedos por horas. Durante seis años crecieron y también sufrieron. Observo su larga trenza como las efemérides de nuestro sufrimiento. Interminables. Miro a mi mujer y me pregunto qué piensa. Yo sólo quiero una cosa: llevarla de regreso a casa.

III
AL FIN SOLOS

Son las tres de la mañana. Tiempo de ir a casa. Tengo afán.
Sólo nos quedan unas horas antes de recibir a los niños
y quiero aprovecharlas. Hablarle un poco, si ella quiere. Pero
Íngrid debe estar extenuada. El día anterior se había desper-
tado a las cinco de la mañana en la selva, como todos los días
durante más de seis años de cautiverio. Hace falta que duerma.
Y que yo duerma junto a ella...

Le sugiero que dejemos a Yolanda antes de regresar a casa.
Al llegar a donde su madre, no sé por qué, Íngrid insiste
en subir con ella. Yo la acompaño. Pensé que se quedaría
unos minutos y que al fin estaríamos solos en casa. Es muy
tarde. Pero Íngrid necesita hablar. En Colombia hay un
dicho que dice que no hay mejor hablador que secuestrado
recién liberado. Es cierto. Íngrid empezó a hablar, hablar y
hablar, sin parar. Nosotros no le hicimos ninguna pregunta. De todos modos, no habríamos podido interrumpirla.
Como si necesitara desenrollar, ahí, ahora, una primera
madeja de recuerdos dolorosos. Contó en desorden su vida
en cautiverio. Las marchas interminables, la humedad, el

barro, los reptiles, bañarse en los ríos, los alimentos... Nos confió que sufría de dolores de estómago y en el hígado. Sobre las diarreas muy violentas, a causa del agua que les daban. En general, de todas formas parecía estar bien. Sólo nos mostró una bola, una especie de ganglio a nivel del cuello que la preocupaba un poco. Sin embargo, prometió que iría a ver a un médico. Su primer verdadero doctor después de seis años.

Lo poco que nos dijo de sus captores nos dejó paralizados. Los guerrilleros habían sido despiadados con ella. Íngrid intentó escapar cinco veces. Por esta razón, había vivido encadenada a un árbol, como un perro. Esa noche, necesitaba decir ciertas cosas. Y tal vez callar otras. Es difícil para una mujer sobrevivir en la selva. Ella no habló de violación. Al parecer, las FARC la dejaron tranquila por ese lado. Nosotros no pedimos más detalles. Pero insinuó algunos intentos de agresiones sexuales por parte de otros detenidos.

En Bogotá, los primeros periódicos son entregados desde las cinco de la mañana. Cuando Yolanda recibió temprano el periódico, la liberación era noticia de primera página. Íngrid comentó sobre la gran foto de los rehenes. Entre ellos, señaló con asco a dos hombres bigotudos. Uno de ellos, un tipo fuerte con el pelo largo, y el otro, más pequeño. Ella me dijo: "Juanqui, mira, estos dos fueron los que más me maltrataron". Ellos le decían obscenidades, trataban de verla desnuda o la espiaban cuando iba al baño. A veces tenía que bañarse con la ropa puesta por culpa de ellos. Afortunadamente, algunos de los rehenes, como John Pinchao[6], la protegieron. Nunca se sintió segura.

---

6   El policía John Frank Pinchao fue rehén de las FARC entre el 1.º de noviembre de 1998 y el 28 de abril de 2007, cuando escapó. Durante su cau-

Si Íngrid sufrió terribles penurias alimentarias, la privación de la libertad y la ruptura con sus familiares fueron aún más abominables. Quedó destrozada al enterarse de la muerte de su padre estando en cautiverio. Gabriel Betancourt murió de vejez y de dolor, a los 84 años, el 23 de marzo de 2002. Un mes después del secuestro de su hija. Pero ella sólo se enteraría unas semanas más tarde, de repente, brutalmente, por casualidad, pelando verduras sobre un viejo periódico. Nunca se pudo recuperar totalmente. Rezó por él y lloró su muerte desde entonces. Creo que aún hoy lo llora.

Esa noche, Íngrid habló mucho de Dios. Siempre ha sido muy creyente. Antes del secuestro, iba por lo general a misa una o dos veces al mes, pero le podía pasar que durante varias semanas no pisara una iglesia.

Cuando los niños vivían con nosotros, ella solía rezar con ellos por la noche. Pero, de repente, ella se centró en Dios, aferrada a su rosario. Obviamente se refugió poco a poco en la religión para aguantar esos seis años de cautiverio. Parecía ahora vivir verdaderamente en la fe. Nos contó especialmente y por largo rato que había visto a la Virgen en un sueño, dos semanas antes de su liberación. En esta aparición le habría advertido que algo muy "grande" le iba a suceder, tan importante como una liberación. No nos atrevimos a interrumpirla. Nos aseguró que la Virgen la había mirado a los ojos. Estaba en trance, al borde de las lágrimas. Yolanda, más creyente que yo, se puso a llorar. No sabía qué decir. Quedamos todos mudos.

---

tiverio, estuvo junto a Íngrid Betancourt. Dio noticias alarmantes en su libro *Mi fuga hacia la libertad*, Planeta, 2008.

Algunos misterios permanecerán durante mucho tiempo en la selva. Todavía no sé lo que sucedió con Clara Rojas, por ejemplo. Aunque fueron secuestradas juntas, Íngrid no la evocó ni una sola vez. Era como si Clara no existiera para ella. Ni ella, ni su hijo Emmanuel, nacido en cautiverio. Clara, por su parte, me había sacudido después de su liberación. Sólo sé que fueron separadas después de tres años de cautiverio, porque no se entendían. Preferí no discutir este tema tan delicado. Íngrid quería saber de sus hijos. Al fin un tema alegre. Le pregunté si había podido ver las fotos que le había "enviado" de Mélanie y Lorenzo. Durante su cautiverio, realicé varios vuelos sobre la selva para repartir cientos de fotos de ellos. Esperaba que recogiera al menos una, que le ayudaría a resistir. Había sabido de mi iniciativa por la radio.

Desafortunadamente, esas imágenes nunca le llegaron. Tenía algunos negativos recientes que le pude mostrar. Cuando los dejó, Mélanie tenía 16 años y Lorenzo, 13. Íngrid comenzó a llorar al ver cómo habían cambiado. Lejos de ella, se habían convertido en verdaderos adultos. No había leído tampoco mi libro. Durante su ausencia, redacté un primer relato acerca de nuestra movilización.[7] He distribuido decenas. A guerrilleros en prisión, a campesinos cercanos a las FARC durante varias de mis expediciones a los pueblos de la selva, a organizaciones humanitarias. Quería que ella supiera que luchábamos por ella, todos los días, sin descanso. Este libro, ella nunca lo recibió. Sólo le susurré: "Sabes, la lucha fue difícil, desigual, larga y dolorosa. Tuvimos que luchar en Colombia contra el gobierno, la prensa, la opinión pública". Después de los

---

7   *Buscando a Íngrid*, Juan Carlos Lecompte, Editorial Aguilar, 2005.

discursos y de la seudovirginidad política recobrada del presidente Uribe, quería que ella supiera que la verdad era más matizada. No dijo nada.

A las cuatro y media de la mañana, Yolanda fue a tomar una ducha.

Al fin solos. A hoy, esa fue la única conversación que Íngrid y yo tuvimos cara a cara desde su liberación. Duró una media hora. Íngrid me dijo: "Te traje un regalo" y me anudó a la muñeca un brazalete que había hecho en cautiverio. A pesar de todo, seguía terriblemente distante. No intercambiamos el más mínimo beso o gesto de afecto. No me atreví a preguntarle qué sentía. Los psicólogos me habían dicho que debía ser paciente... Sólo le pedí un favor: "Íngrid, déjame llevar a cabo el sueño que tengo desde hace seis años, tenerte en mis brazos. Como no pude hacerlo cuando bajaste del avión, ¿me dejas hacerlo ahora?". Asintió. La estreché contra mí, sin decir nada, durante tres largos minutos. Lo necesitaba. Sólo que no parecía muy receptiva. Sentí que estaba forzándose. Hasta que finalmente la solté.

Íngrid escogió ese momento para anunciarme que quería volver a Francia. No me sorprendió. Estaba dispuesto a seguirla a cualquier lugar. Mi familia y mis colegas lo entenderían. Le dije que tenía que recoger mi pasaporte y algunas cosas para acompañarlos. Me di cuenta de que era una mala idea. Íngrid me cortó de un tajo, de manera muy fría, y sin vacilar: "No, prefiero que te quedes aquí, para que yo pueda pasar un tiempo con los niños". No le veía el sentido. Tenía una excelente relación con Mélanie y Lorenzo, el cautiverio de su madre nos había acercado mucho y de todas maneras yo era su padrastro desde hacía doce años...

Yo sólo quería estar allí para ella. Pero, supuestamente, ella necesitaba respirar. Yo, por mi lado, quedé sin aliento. No sé por qué, pero pensé inmediatamente en mi madre, ya sacudida por las imágenes que había visto en el aeropuerto. Quería tranquilizarla, mostrarle que frente a la adversidad, nuestra relación era todavía sólida. Le supliqué a Íngrid: "No lo hagas, no le hagas esto a mi madre. Se va a morir...". El argumento no la conmovió. Sólo me respondió que mi madre tenía hijos y que ella lo entendería. Incluso insistió mucho para que me reuniera durante algunos días con mi madre en Cartagena. Para apoyarla... y también para que yo pudiera descansar. "De esta forma no tendrás que hablar con los periodistas", insistió.

No necesitaba que me lo dijera. ¿Hablar con los medios de comunicación para decirles qué? Contarles sobre mi nueva vida, al margen, en Bogotá, mientras mi esposa trata de hallarle gusto a la suya, a 8.000 kilómetros de mí? Su razonamiento me sorprendió un poco. Acababa de salir de cautiverio y ya Íngrid estaba pensando en controlar su imagen. Estaba pendiente del asunto. Sobre todo, no quería que yo les diera mis opiniones a los medios de comunicación. Tuve la impresión de que no asumía totalmente su decisión. Sabía que la opinión pública se cuestionaría. Traté de controlarme. De no juzgarla. De hacer a un lado mi ego, una vez más. Después de todo lo que ella había sufrido, tenía derecho a desestabilizarme. Un poco...

Para mayor tranquilidad, le pregunté si quería que me fuera de nuestro apartamento durante su estancia en Francia. Ella protestó débilmente: "No, en absoluto. Quédate en el apartamento. Déjame estar con los niños durante algún tiempo y veremos más adelante". No me dio a entender que todo había terminado entre nosotros. Pero tampoco me dio mucha esperanza. Preferí decirme a mí mismo que ella también estaba muy confundida. No podía ser duro con ella.

Finalmente terminé organizando algunas cosas. Las de ella.

Los medios de comunicación colombianos se burlaron mucho de mí, contando que yo no había servido de mucho en el aeropuerto, salvo para llevar el morral de mi esposa. Esta imagen de "botones" era cruel, pero no del todo desfasada... Conservé un poco de humor, a pesar de todo.

Toca, para aguantar. ¡Mis amigos periodistas estarán encantados de saber que incluso cargué otro equipaje ese día y otra vez no era el mío!

Íngrid me pidió que volviera a casa para llevarle ropa. No quería salir porque los periodistas nos acechaban al pie del edificio. Regresé a casa, al apartamento donde prácticamente no había tocado nada desde el secuestro de mi esposa. Elegí la ropa que le gustaba. Un pantalón beige, una camisa blanca y zapatos negros. Su reloj favorito, el Cartier que Fabrice, el padre de sus hijos, le había dado y que había dejado en la mesita de noche. También tomé su pasaporte, aunque ya estaba vencido hacía tiempo.

Me fui de nuevo con la maleta y algunas frutas. Íngrid tenía muchas ganas de tomar un jugo de naranja. Al menos un pequeño placer que podía ofrecerle. También llevaba un ejemplar de mi libro que deslicé entre sus cosas para que pensara un poco en mí cuando estuviera en Francia.

Cuando volví a donde Yolanda ya eran casi las seis de la mañana. Di algo de información para calmar a los periodistas que esperaban abajo. Íngrid ya estaba en línea con las emisoras de radio para las ediciones de la mañana. Afuera estaba amaneciendo, en su primer día de verdadera libertad. El más bello quizás: dos horas más tarde, Íngrid se reuniría con sus hijos. Melanie y Lorenzo habían despegado de París la noche anterior con Bernard Kouchner, ministro de Relaciones Exteriores de Francia.

A las 8:27, hora de Bogotá —15:27, hora de París— el avión de los niños llegó. Nos metimos en el Falcon de la República francesa. Subí a bordo con Íngrid. El reencuentro fue conmovedor. Estaba emocionado de verla abrazar a sus hijos. Adoro a Mélanie y a Lorenzo. Esta imagen seguirá siendo uno de los mejores recuerdos de mi vida. Fabrice, su ex marido y padre de sus hijos, estaba allí también, así como su hermana Astrid y sus dos hijos, Stanislas y Anastasia.

Al descender de la aeronave, no podemos evadir una nueva rueda de prensa. Después de las cortesías de rigor con el presidente Uribe, partimos a otra cita, más íntima, en la iglesia donde reposan las cenizas del padre de Íngrid. Las dos hermanas se reúnen para llorar y orar. Íngrid nunca pudo despedirse de él. Murió un mes después de su secuestro. Nunca olvidaré cómo Gabriel Betancourt pasó los últimos días de su vida atento al teléfono, implorando por noticias de su hija que nunca llegaron.

Almorzamos en familia, por primera vez en más de seis años. Hablé mucho con los niños, casi como en los "viejos tiempos". Mélanie, completamente emocionada, exclamó: "¡Genial, vamos a reunirnos todos en Francia!". "No tan rápido, no...". Cuando se enteró de que no los acompañaría a Francia, su cara se descompuso. ¡Creo que le estaré eternamente agradecido por este gesto desconcertado! Pidió explicaciones. Le dije: "Tu madre no quiere". Estaba sinceramente acongojada. En ese momento sentí que quizás no había fallado completamente en mi papel como padrastro. Fabrice estaba también un poco sorprendido.

Lorenzo igualmente, pero la que reaccionó con más fuerza fue Mélanie. Gracias, Mélanie.

No hay tiempo para sentir pena por mí mismo: otra reunión ha sido programada en la embajada de Francia en este momento. En el camino recuerdo que nos cruzamos con Patricia Janiot, la periodista *vedette* de CNN en español. ¡Para obtener una entrevista, se lanzó literalmente bajo las ruedas del carro! La hicimos subir con nosotros al automóvil. Íngrid ya era famosa en cautiverio. Libre, fue elevada al rango de estrella... Con los medios de comunicación fue verdaderamente una locura. Como era de esperar, aunque para mí era un poco difícil de manejar.

Para escapar del asedio de la prensa, hubiera preferido incluso no regresar al aeropuerto. Quería decirles adiós en la casa, pero Íngrid insistió en que los acompañara. Fui un idiota al aceptar. Después de lo que ella había vivido, no podía negarle nada. Pero francamente en eso debí haberlo hecho. Nuestro adiós en el aeropuerto fue de una banalidad que queda uno desarmado.

Íngrid está al fin sola, y mi familia va a alejarse hacia París. Sin mí. La separación de mi esposa fue gélida. Sin emoción. Brutal.

Cuando se fue, quise desaparecer. Morir no, pero esconderme, enterrarme en algún lado. Había dejado el carro en la embajada. Regresé solo, en un vehículo oficial. Me quedé sin habla y paralizado. No sabía a dónde ir. No me sentía capaz de enfrentar a los periodistas, a mi madre, a mi familia, a mis colegas. Muchos me habían visto en la televisión, y nadie se iba a dejar engañar sobre lo que yo estaba viviendo. Sabía que todo el mundo me iba a hacer muchas preguntas. Estaba para recoger con cucharita, todo lo veía negro. Como si hubiera luchado durante seis años para nada. Lo cual no era cierto, por supuesto, pero fue así como me sentí. Finalmente fui a donde una amiga en el centro de Bogotá, en La Candelaria. Muy buena amiga ella. No me preguntó nada. Me escondí en su casa durante tres días. Apagué mi celular, tomé pastillas para dormir y dejé de pensar. El rechazo fue terrible. Mi madre, que no tenía noticias de mí, creyó volverse loca. Algunos familiares y amigos me encontraron y me trajeron de vuelta a la vida.

Regresé al trabajo el lunes siguiente, porque tenía que hacerlo. Como era de esperar, me bombardearon con preguntas. Algunos fueron más discretos, pero la mayoría no podía ocultar su curiosidad. Sin hablar de los periodistas. Estaba tan asediado que finalmente concedí una única entrevista[8] a una amiga periodista del diario *El Tiempo*. La entrevista fue publicada el miércoles 9 de julio, una semana exacta después de la liberación. Íngrid me llamó por primera vez tras la publicación de este artículo. Estaba enojada de que yo hubiera hablado con la prensa. Sobre todo que había dado a entender que, tal vez, debía decidirme a seguir con mi vida. Sólo le respondí: "Pero, Íngrid, ¿qué querías que dijera?".

Yo era el único miembro de nuestra hermosa familia recompuesta que se había quedado en Colombia. El acoso de los medios de comunicación fue muy duro. He aquí el testimonio de Álvaro Leyva, ex ministro y mediador para la liberación de los rehenes. Este hombre nos ha ayudado mucho, a nosotros, los familiares de los secuestrados. Dijo en este punto, de manera muy contundente:

---

8   Ver entrevista en el anexo.

"No puedo comprender cómo la conciencia colectiva no siente repugnancia por el vergonzoso trato que sufren aquellos que, además de vivir tragedias que no han buscado, deban sufrir la exposición impúdica de sus dramas, su dolor [...].[9]

Eso explica con sutileza lo que debemos soportar. Fui tantas veces acosado que a veces salía a la calle con una bufanda en la cara. Afortunadamente, Bogotá es una ciudad muy contaminada. Salir con una máscara no choca a nadie. ¡No es políticamente correcto, pero todas esas epidemias de gripe de todo tipo me hicieron un gran favor! Desde entonces no volví a hablar con Íngrid sino por teléfono. Hubo algunas conversaciones largas. Nada muy íntimo: ella necesitaba sobre todo que arreglara algunos problemas materiales. Mi cuenta de teléfono se disparó en julio y agosto. Íngrid quería dinero para llevar a sus hijos a las islas Seychelles. Le hice una transferencia. Después, nuestras llamadas se espaciaron. Rápidamente volví a tener facturas de teléfonos normales.

---

9   Declaración completa de Álvaro Leyva: "No puedo comprender cómo la conciencia colectiva no siente repugnancia por el vergonzoso trato que sufren aquellos que, además de vivir tragedias que no han buscado, deben sufrir la exposición impúdica de sus dramas, su dolor y su intimidad —me refiero tanto a aquellos que han padecido una privación prolongada de la libertad, como a sus familiares que no pudieron escapar al escarnio público, mientras luchan por mantener encendida la llama de la esperanza por el retorno de sus seres queridos. —Una tragedia personal causada por disfunciones político-sociales tortuosas no mezcla, por lo general, la esfera pública y la privada. Cuando esto sucede, la mayoría de las veces la víctima ha alcanzado un nivel significativo en la historia del país. Se le debe dar a esta persona lo que una sociedad supuestamente civilizada debe dar, la obligación de la llamada 'civilización' es revestir este acontecimiento con un velo ético con el fin de no perjudicar a la víctima. Y esto a expensas de los aparentes placeres de una corte cada vez más deseosa de satisfacer sus bajos instintos".

Íngrid no quería que yo diera entrevistas. Entonces, ¿qué pensaría de este libro?

Sinceramente, hoy no me importa. Ella pidió el divorcio en enero de 2009, seis meses después de su liberación. De repente era urgente que nos separáramos. Incluso me envió a un abogado a la habitación del hospital donde mi padre estaba muriendo. Muy elegante. Ya no la reconozco.

Necesito este libro, así de simple. Para recuperar mi vida y mi dignidad. No es una obra más para descargar gratis. Es el relato, en matices, espero, de una historia de amor y de desencanto. Sólo quiero expresar todo por lo cual he luchado durante estos largos años. Por la mujer que amaba, por una causa, y por miles de rehenes, menos mediatizados, que no merecen ser olvidados.

Íngrid es la mujer que más he amado en mi vida. Nunca olvidaré cuando nos conocimos. Nunca olvidaré lo que fue para mí. Tengo recuerdos maravillosos de nuestra boda improvisada en una piragua durante una escala en Tahití. De nuestros paseos en carro, la música a todo volumen, Íngrid cantando *Stairway to Heaven* de Led Zeppelin, una de sus canciones favoritas. No olvidaré jamás a sus hijos, nuestra lucha política solos y contra todos, las amenazas de muerte que desarticulamos. Nuestra vida fue hermosa y llena de acontecimientos. Quiero describir a la Íngrid que conocí y aquella que volví a encontrar. No olvido por lo que pasó mi esposa. Es espantoso. Pero no quiero que nadie olvide que las familias de los rehenes son igualmente víctimas, a su manera, de las FARC. ¿Cuántas vidas y hogares destruidos por su causa? La mía también. Fui testigo y no soy el único.

Tengo que escribir todo esto para pasar la página. No tener que justificarme constantemente en la calle, con mis amigos,

con los periodistas. Hay tantas preguntas, recuerdos y anéc-
dotas que nunca he encontrado la fuerza de revelar. Todo lo
que voy a decir, lo diré de una vez por todas. Después, no
volveré a hablar nunca más de esto.

IV
SEIS AÑOS, CUATRO MESES Y NUEVE DÍAS ANTES

"Tal vez no voy a volver a casa esta noche". Íngrid me había prevenido. Pensaba quedarse a dormir en San Vicente. El camino era largo y seguramente necesitaría descansar. No debimos ser separados más de una noche.

Íngrid salió de Bogotá un sábado, el 23 de febrero de 2002. Me besó y se fue para siempre. Le devolví el beso medio dormido. No sé cuáles fueron las últimas palabras que intercambiamos. Nuestra última noche fue corta. El día anterior fuimos a una fiesta en casa de Angélica Lozano, una amiga que acababa de obtener su diploma de abogada. Nos fuimos a las 10:30 porque Íngrid tenía que levantarse muy temprano. Al llegar, hicimos el amor. Se fue a las cinco de la mañana con Clara. Se puso unos *jeans*, los que Mélanie le había dado en Navidad. Dejó su chaleco antibalas en nuestra habitación. No fue que lo olvidara. No lo tomó a causa del calor. No se sentía en peligro.

Su visita a San Vicente del Caguán no nos preocupaba especialmente. Sin duda, el contexto político era delicado. Pero ya habíamos visto otros. Íngrid y yo habíamos ido varias veces a San Vicente, tanto en avión como en carro. Estábamos familiarizados con este pueblo de treinta mil habitantes. Dos meses antes de su secuestro, organizamos incluso un espectáculo de Navidad para los niños de la localidad. Hicimos venir a un mago a la plaza. En San Vicente, durante mucho tiempo, el estado de derecho había sido también eclipsado por la guerrilla. La región se había transformado poco a poco en una zona desmilitarizada donde las FARC dictaban su ley. La gente necesitaba sentir apoyo, e Íngrid ya había ido una docena de veces sin problemas.

Por mi parte, yo estaba tan poco preocupado, lo confieso, que me pasé la mañana de su secuestro jugando golf. Hoy, cuando vuelvo a pensar en el asunto, me siento mortificado. No me siento culpable por haberme quedado en Bogotá. Solamente de haber apagado mi celular durante toda la mañana para no interrumpir mi partido. Si Íngrid llamó a su madre, necesariamente trató de contactarme para hablarme de los numerosos imprevistos que halló en el camino. Estas llamadas perdidas me persiguieron durante mucho tiempo.

No me preocupaba por ella. Sin embargo, en el momento preciso en que Íngrid fue secuestrada me dio una crisis de angustia. Algunos de mis amigos son testigos. Íngrid y Clara fueron secuestradas a las 13:30. Me había quedado a almorzar en el club. Había ordenado un filete con salsa bearnesa, y de repente sentí mi pulso acelerarse, sin ninguna razón aparente. Dejé el plato y me levanté. Volví a prender mi celular. Tenía un mensaje preocupante de Yolanda. No tenía noticias de Íngrid. Y, sobre todo, el alcalde de San Vicente, Néstor León Ramírez, la estaba esperando aún...

Néstor León Ramírez es uno de nuestros amigos: en ese entonces era el único alcalde del Partido Verde Oxígeno[10] elegido en todo el país. Rápidamente se informó para seguir el rastro de Íngrid. Me confirmó que Íngrid había sido vista en el pueblo de Montañita, justo después de Florencia. Normalmente, tendría que haber pasado enseguida por los pueblos de El Paujil y Puerto Rico antes de llegar a San Vicente. Pero después de Montañita, nadie la volvió a ver. El Paujil está a cuarenta minutos de Montañita. No es muy lejos, pero los caminos son malos. Pensé que había cierta preocupación, pero que no se trataba necesariamente de algo muy grave. El ejército estaba retomando el control de la zona, e Íngrid podría estar bloqueada en un retén. Incluso consideré un pinchazo. En ningún momento pensé en un secuestro. No entramos en pánico inmediatamente. Alrededor de las tres de la tarde, la comunicación telefónica con San Vicente se cortó y no pudimos volver a contactar al alcalde. Hay que tener en cuenta que estas cosas suceden a menudo. En nuestro país las líneas telefónicas son malas. No nos preocupamos mucho, más allá de no poder contactar a Íngrid. Después de Florencia no hay más red telefónica. Pensé: "A lo mejor ya está de nuevo en camino hacia su destino".

Durante la tarde no quise preocuparme demasiado.

A las seis de la tarde una ola de pánico nos golpeó cuando el jefe de la policía, el general Giliber, amigo de Yolanda, llamó para advertirnos que Íngrid había "desaparecido". Recuerdo que fue la palabra que utilizó. Evaporada. Como

---

10   El Partido Verde Oxígeno fue creado por Íngrid Betancourt en 1998. Este partido tenía tres objetivos: la lucha contra la corrupción, la redistribución de la riqueza y la protección del medio ambiente.

por arte de magia. Imposible. Aunque no habló de secuestro, comprendí de inmediato. Esa noche dormí donde Yolanda. Improvisamos una unidad de crisis. El teléfono no dejó de sonar: los amigos, los allegados, los periodistas. Estuve conectado toda la noche. Recuerdo haber solicitado mis contactos en el M-19[11], un antiguo movimiento revolucionario, primo de las FARC, ya desmantelado en ese momento. Muchos de sus antiguos guerrilleros fueron reinsertados. Algunos incluso han trabajado con Íngrid. Llamé a Otty Patiño, uno de los ex jefes del M-19 que yo conocía. Me reuní con él pues pensé que podía saber algo o darme algún consejo, y lo que me dio fue un panorama horrible, como en efecto sucedió.

Los padres de Íngrid entraron en pánico. Yolanda hubiera preferido que Íngrid se abstuviera de hacer ese viaje a San Vicente. Pensaba que la situación era muy peligrosa. Cuatro días antes del secuestro de Íngrid se habían roto las negociaciones de paz entre el gobierno y la guerrilla. El presidente Pastrana había lanzado una nueva ofensiva denominada "Recuperación de la soberanía" y ordenado al ejército garantizar el control de San Vicente del Caguán. La población, aterrorizada, le había pedido ayuda a Íngrid. Ella quería ir hasta allá y también pensaba que era buena idea. Unas horas antes de ser secuestrada, Íngrid discutió sobre su gestión con un periodista con el que se cruzó en el aeropuerto de Florencia, capital de Caquetá. Reiteró que quería "estar con la gente en las buenas y en las malas". Para ella, era una obligación moral ir hasta allá y la apoyé

---

11   Antigua guerrilla que depuso las armas en 1990. El M-19 fue uno de los movimientos revolucionarios más poderosos de América Latina durante los años setenta y ochenta. Se creó tras las elecciones fraudulentas del 19 de abril de 1970.

en su decisión. Yo también me había enamorado de esa determinación apasionada y a menudo un poco irracional. Aun hoy en día, asumo el haberla dejado ir. Sólo lamento no haber estado a su lado, pues yo ya la había acompañado en alguna ocasión a este tipo de viajes. ¿Qué habría sucedido si el 23 de febrero de 2002 hubiera cogido camino con ella a San Vicente? ¿Hubiéramos regresado a casa a la primera dificultad? ¿A la tercera? ¿Habríamos insistido y hubiésemos sido secuestrados los dos? ¿La habrían secuestrado a ella y no a mí? ¿Habríamos salido heridos? No lo sabré jamás. Sin embargo, todas estas preguntas me persiguieron durante mucho tiempo. Sobre todo en la noche.

En seis años, he oído a muchas personas criticar su inconsciencia. Inmediatamente después del secuestro, el ministro del Interior, Armando Estrada Villa, declaraba que Íngrid sólo podía culparse a sí misma ... Tuve la oportunidad de reunirme con él al día siguiente cuando fue a casa de Yolanda, a fin de aclarar la situación. Recuerdo que perdí la compostura. Le dije que sus palabras estaban totalmente fuera de lugar y casi le pego. El padre de Íngrid me pidió que me calmara y el ministro se disculpó.

Algunas ideas se fijan en la opinión pública. Aun hoy, todavía oigo decir que Íngrid se habría "metido en la boca del lobo". Esto es falso. Agregaría incluso que Íngrid habría podido ir a San Vicente sin ningún problema, si algunos de sus adversarios políticos no le hubieran complicado la tarea. Habría podido hacer ese trayecto en total seguridad, reunirse con la población local, devolverse y no perder seis años de su vida. Ella no escogió lo que le pasó.

Ese 23 de febrero de 2002, Íngrid Betancourt iba acompañada por cuatro personas. Además de Clara, su directora de campaña, participan en el viaje Adair Lamprea, uno de sus colaboradores encargados de la logística; Alain Keler, fotógrafo francés, y Mauricio Mesa, camarógrafo colombiano. Normalmente el grupo debió haber tomado un vuelo a San Vicente. Resulta que ese mismo día el presidente Andrés Pastrana también decide viajar a San Vicente para anunciarle al país que el ejército tenía nuevamente el control de la región. El aeropuerto está a reventar de periodistas y varios vuelos han sido fletados para transportar a un máximo de personas de forma segura. Sólo que —vaya uno a saber por qué— los servicios de seguridad se negaron a embarcar a Íngrid. ¿Para no hacerle sombra al Presidente? Muy probablemente.

Ese día, decenas de personas, en su mayoría periodistas, aprovecharon los helicópteros, pero no ella. ¡Y para estar seguro de desanimarla, también fue privada de la escolta policial a la cual tenía derecho como candidata a la presidencia! En su segunda "prueba de vida" difundida cinco meses después de su secuestro[12], Íngrid claramente acusa a sus adversarios de tratar de sabotear su viaje. En ese momento, por supuesto, hubiera sido más razonable renunciar. Pero Íngrid, como siempre, se negó a ceder. No quiso dejarse intimidar. Le había prometido a la población ir hasta San Vicente y cumpliría su palabra. A cualquier costo.

Íngrid no tomó sola su decisión: su equipo estaba dispuesto a seguirla. Les quedaba una camioneta a disposición. Adair tomó el volante. Me contó que habían cubierto el

---

12   En la segunda "prueba de vida" filmada, difundida el 23 de julio de 2002, cinco meses después de su secuestro, Íngrid Betancourt se pregunta: "Aquí en la selva, en silencio y lejos de todo, me pregunto cómo es que 150 periodistas extranjeros pudieron llegar a San Vicente en total seguridad y a una candidata presidencial se le haya negado ese derecho. ¿Cuáles son las prioridades de este gobierno? ¿Cuál es la política del Estado frente a la seguridad y frente a las garantías electorales?".

vehículo con tela blanca para mostrar bien sus intenciones pacifistas. La camioneta cruzó varios retenes sin problema, pero después de una hora de camino fueron interceptados por seis guerrilleros armados. ¿El secuestro habría sido premeditado? Probablemente no. Todo el mundo se sintió un poco abrumado por los acontecimientos. Cuando intentaba cruzar un nuevo retén, el equipo de Íngrid presenció un grave accidente: un joven guerrillero pisó una mina que le arrancó la mitad de la pierna. Íngrid propuso subir al herido a la camioneta para socorrerlo. Su equipo lo llevó hasta otro grupo de las FARC y fue ahí cuando todo se complicó. Los guerrilleros les confiscaron todos los teléfonos celulares e hicieron subir a Íngrid a otro vehículo. Según Adair, Clara corrió a reunirse con ella para no abandonarla. Los tres hombres que se quedaron fueron escoltados a un pueblo cercano y puestos en libertad al día siguiente. La guerrilla abandonó incluso al herido agonizante.

Así que esto era lo que estaba sucediendo mientras nosotros no podíamos localizar a Íngrid: la gente de Andrés Pastrana le había impedido subir a un helicóptero hacia San Vicente y ella finalmente decidió tomar camino. Sólo que durante el viaje, tuvo un mal encuentro...

Durante los primeros días, organicé las entrevistas porque me negaba a creer que Íngrid se había ido para siempre. Me mantuve ocupado para no pensar demasiado, para no ceder al pánico. Estaba convencido, erróneamente, de que la situación no iba a durar. Tenía mis razones. Los elementos concretos, racionales, a los cuales trataba de aferrarme. La campaña de Íngrid Betancourt, sobre el tema de "Colombia nueva", sólo alcanzaba entre el 1% y el 3% de las intenciones de voto. No tenía posibilidades de ganar. Políticamente, no pesaba gran cosa. Álvaro Uribe dejó rápidamente atrás a los demás candidatos en las encuestas, cuando se comprometió a deshacerse de las FARC por la fuerza, sin diálogo ni concesiones. Los colombianos no podían más con las negociaciones infructuosas entre la guerrilla y el gobierno. Las FARC prosperaban gracias a la zona de distensión que les cedió el gobierno de Andrés Pastrana en 1999. Cuarenta y dos mil kilómetros cuadrados, el equivalente a la superficie de Suiza. La repentina firmeza de Uribe sedujo a muchos votantes. Las encuestas le daban entre el 45% y el 55% de los votos. Sobra decir que ya había ganado las elecciones.

En enero de 2002, un mes antes de su secuestro, Íngrid había sido completamente abandonada por los suyos. Lo supo a través de la televisión. Fue duro. En Barranquilla, la cuarta ciudad más grande de Colombia, la mayoría de los miembros de Verde Oxígeno había decidido unirse a Uribe. La antigua suplente de Íngrid al Senado desertó, como la mayoría de su estado mayor. Todos prefirieron cambiar de camiseta y unirse al campo del futuro vencedor. Íngrid estaba anonadada. Comprendía que se hubieran desanimado por las encuestas. Pero de ahí a abandonar nuestro partido ecologista de centro izquierda para unirse a Álvaro Uribe, al otro lado del espectro político... Sin duda habría digerido mejor si se hubieran unido a Lucho Garzón, el candidato de la izquierda, convertido en alcalde de Bogotá más adelante. Algunos ex guerrilleros de extrema izquierda que una vez se unieron a nosotros, ex miembros del M-19 o del ELN[13], también cambiaron de orilla. Bastó con que Uribe les prometiera cargos para que abandonaran

---

13 El Ejército de Liberación Nacional (ELN) es en número el segundo movimiento guerrillero colombiano más importante después de las FARC.

a Íngrid. Después de la elección, uno de sus brazos derechos incluso se convirtió en ministro de Medio Ambiente.
Íngrid estaba desamparada frente a tanto oportunismo.
Estos desertores la olvidaron rápidamente. Ninguno de
ellos siquiera reaccionó cuando fue secuestrada. Ninguno
de ellos se ofreció a ayudarme...

En total, unos cuarenta de sus ex lugartenientes se habían
ido a la oposición. Íngrid sufrió mucho con esas traiciones.
Tuvimos un poco la impresión de estar solos en el mundo
y contra todos, abanderados con nuestra causa ecológica
y anticorrupción. Aparte de Clara Rojas, su fiel directora
de campaña, un gran vacío se había creado alrededor de
nosotros. En esa época realmente consolé mucho a Íngrid.
En retrospectiva, muchas veces me he preguntado si mi
esposa habría hecho ese peligroso viaje a San Vicente, de
no haber sido abandonada por todo el mundo. Clara, en
cualquier caso, habría estado a salvo. En tiempos normales
siempre estaba en las oficinas en Bogotá. Fue solamente por
lo que no quedaba mucha gente alrededor de nosotros que
quiso acompañar a Íngrid. Recuerdo que estaba un poco
estresada el día antes de la salida. Íngrid le había dicho
que podía quedarse. Clara no quería abandonarla y pagó
muy cara su lealtad. Íngrid quería dar un golpe mediático
y así revitalizar la campaña.[14]

---

14   Íngrid Betancourt evocó ese día durante la rueda de prensa el 2 de
julio de 2008, en el aeropuerto de Bogotá: "Durante varios años me pregunté
si no había hecho demasiado. Volví a repensar en las consecuencias para mi
familia. Pero era mi destino. Hay momentos en la vida cuando tenemos tareas
que llevar a cabo. El día en que fui secuestrada yo no quería ir a ese pueblo,
porque mi padre estaba muy enfermo. Mi campaña estaba en un momento
crítico y la gente que fui a ver nos esperaba, porque estaban solos frente a las
FARC. Tenía que ir. Y lo haría de nuevo".

Con Clara o sin ella, estaba decidida a partir.[15] Si hubiésemos estado mejor rodeados, Íngrid tal vez habría cambiado de opinión. Entre los ex guerrilleros que la abandonaron, algunos sin duda la habrían desanimado de hacer ese peligroso viaje. Quizás los habríamos escuchado. Siempre tendré esa duda: me pregunto cómo esas deserciones hicieron tambalear nuestras vidas... Es una discusión que tuve un día con Nubia, la contadora de Íngrid. Esta mujer, antiguo miembro del M-19, siempre ha lamentado haber llegado demasiado tarde a la fiesta de Angélica organizada el día antes del secuestro de Íngrid. Nos cruzamos por poco, a hoy ella sigue convencida de que habría hecho todo lo posible para convencer a Íngrid de no ir a San Vicente. El 23 de febrero de 2002, mi esposa no volvió a casa. Ni esa noche ni las que siguieron. Durante las dos primeras semanas, me quería convencer de que regresaría a mí pronto. Con sus padres, alertamos a todo el mundo, o casi. Nos aprovechamos de la doble nacionalidad de Íngrid para solicitar ayuda a la Embajada de Francia. Con la ayuda de Yolanda incluso conseguimos que el presidente Chirac llamara al presidente Pastrana para sensibilizarlo sobre la suerte de Íngrid. El secretario general de la ONU, Kofi Annan, condenó el secuestro. Pero pronto tuvimos algunas desilusiones. Yolanda y mi

---

15   En una entrevista con Radio Francia Internacional en abril de 2008, Clara Rojas confirmó sus dudas y arrepentimientos: "¡Es verdad! En ese momento, la campaña estaba en pleno y creíamos que era absolutamente necesario presentarnos en esa región. Pero, yendo hasta allá corríamos un gran riesgo. Podríamos haber muerto desde el momento de nuestro secuestro. Hoy, ya con cabeza fría, creo que fui ingenua al aceptar acompañar a Íngrid a esa región. Este tipo de decisión debe ser objeto de mayor análisis. No podemos arriesgar nuestra vida en cada acción. Al contrario, hay que sobrevivir para poder encarnar el cambio".

madre, por ejemplo, alertaron al escritor y premio Nobel Gabriel García Márquez, que ambas conocían bien. Fueron a visitarlo a su casa en México, para pedirle que interviniera con sus conocidos y amigos influyentes. Él se negó rotundamente.

Decidimos transformar la campaña presidencial de Íngrid en campaña de solidaridad. Era fácil: teníamos ya las oficinas, el dinero, los instrumentos de comunicación y unos cuantos voluntarios más a nuestra disposición... Lo más difícil fue validar la candidatura de Íngrid a las elecciones presidenciales cuando estaba secuestrada por las FARC. Las inscripciones oficiales se abrieron el lunes después de su secuestro. Los trámites fueron difíciles, pero nos las arreglamos para inscribirla para las votaciones. En el momento de su secuestro, Íngrid aún no había elegido a su vicepresidente. Al principio su madre y su hermana Astrid querían buscar a toda costa una figura mediática. Una vez más, Gabriel García Márquez se negó, como todo el mundo. Era una candidatura simbólica, puesto que Íngrid se acreditó sólo el 2% de las intenciones de voto. Sin embargo, nadie quería. Entonces tuve la idea de inscribir a Clara Rojas. Después de todo, era su directora de campaña y tampoco debía caer en el olvido. Pensé que los medios de comunicación se interesarían en ella si la inscribíamos en la votación. A la madre de Clara le pareció una excelente idea. Sin su consentimiento no habría podido hacer nada. Fue ella quien nos dio los documentos administrativos necesarios para nuestros trámites.

Todavía teníamos la esperanza de que Íngrid volvería pronto para tomar el relevo. Su secuestro no tenía mucho sentido. Diez días antes se había reunido con la guerrilla, varios miembros del gobierno y otros candidatos. Sólo

Álvaro Uribe se había negado a participar. Fue en esa famosa reunión, filmada, en donde se ve a Íngrid anunciar su célebre "no más secuestros". Nuestro amigo Lucho Garzón, ex alcalde de Bogotá, me ha dicho a menudo que fue con Íngrid con quien las FARC habrían sido más amables durante la reunión. En algunos puntos ella estaba a veces de acuerdo con ellos, aun si condenaba sin reservas su manera de combatir. Íngrid estaba ante todo en campaña contra la corrupción. Le tenía más miedo a hacerse matar por los narcotraficantes que ser secuestrada por la guerrilla. A menos que se tratara de un secuestro por dinero. Pensé —no me atrevo a decir esperé— que la guerrilla exigiera un rescate. Las FARC dan una remuneración promedio a cada uno de sus combatientes de 300 dólares por mes. Y tienen dos fuentes de financiación: el dinero de los narcotraficantes y los secuestros contra rescate. Estos secuestros pueden durar unos pocos días o incluso horas. Tengo un amigo cuya esposa fue secuestrada por cinco hombres a la salida de un supermercado. Lo llamaron y le pidieron 10.000 dólares. Los entregó y se reunió con su esposa al día siguiente. En Colombia, el secuestro ha sido un deporte nacional.

Lamentablemente me equivoqué. Íngrid se había ido por mucho tiempo. Después de quince días, un tal Fabián Ramírez, comandante de las FARC, confirmó en CNN que se trataba en efecto de un secuestro político. Al parecer, la guerrilla pensaba retener a Íngrid al menos un año, tiempo suficiente para negociar un canje por guerrilleros prisioneros. Esa noche me quedé solo en nuestro apartamento, postrado sin poder dormir. Sabía que jamás la clase política ni los colombianos aceptarían ese trato. Mi esposa estaba condenada, por un tiempo indeterminado, y nosotros con ella. Esa noche miré el reloj que Íngrid había dejado sobre la mesa de noche la mañana de su secuestro. A partir de ahora, el tiempo nos parecería muy largo, eterno.

V
MI ÍNGRID

Era una mujer sonriente, como un sol. Me di cuenta desde la primera vez que la vi, en 1994, durante una cabalgata. Tenía ya un novio mucho mayor que ella. No me atreví a abordarla. Sólo le pregunté su nombre a un amigo en común. Íngrid.

Mi vida tambaleó gracias a Mauricio, un amigo a quien conocí cuando estudiaba arquitectura en Boston, Estados Unidos. Amablemente me invitó a montar a caballo en su finca. Íngrid era amiga de Pilar, su esposa. Apasionada por la equitación, Íngrid tenía una yegua que dejaba en esa propiedad. Le gustaba ir a montarlos. Yo también tuve un caballo una vez en la finca de mi abuelo Lázaro, cerca de Cartagena. A diferencia de Íngrid, no he desarrollado una pasión especial por los caballos. Pero yo estaba feliz con Mauricio. Disfrutaba de su compañía y la de sus amigos. Y un paseo a caballo, a dos horas de Bogotá, siempre era algo agradable y exótico. Galopábamos hasta la laguna de Guatavita, ubicada entre las montañas, a más de 3.000 metros de altura en los Andes orientales, en el mismo lugar de

la leyenda de El Dorado. El paisaje es sublime. Hoy por
hoy es un parque nacional por el que hay que pagar para
entrar, pero en el momento de nuestro encuentro era un
lugar todavía salvaje, mágico. Cuenta la leyenda que el
jefe indígena de una tribu chibcha cubría su cuerpo con
polvo de oro antes de sumergirse en la laguna. En vano,
muchas personas han tratado de encontrar oro allí. Yo
encontré a Íngrid.

La primera vez que la vi, éramos unos treinta invitados.
Sólo le dije a Mauricio que me había gustado y que me
avisara la próxima vez que viniera. ¡Es decir, sola, como
debe ser! Durante varios meses no volví a pensar mucho en
el asunto, hasta que Mauricio me llamó al año siguiente, a
finales del mes de agosto de 1995. Esta vez, intenté un acercamiento. Íngrid llegó con otro tipo: su hijo, Lorenzo, que
debía tener seis años. Hablamos mucho durante un largo
paseo a caballo. Caí rápidamente bajo su encanto. Descubrí
a una mujer realmente conmovida por una causa. Había
crecido en un medio privilegiado, entre París y Bogotá.
Había tenido un lindo matrimonio con un diplomático
francés y criado a dos hermosos hijos. Sin embargo, no
podía soportar vivir lejos de Colombia y ver el país a la
deriva. Su padre, Gabriel Betancourt, ministro colombiano
de Educación en dos oportunidades y ex embajador ante
la Unesco, le había dicho a menudo durante su infancia,
que tenía una deuda con Colombia, país que le había dado
todo. Íngrid terminó por recordar cuando Luis Carlos
Galán[16], candidato liberal a la presidencia que encarnaba

---

16 Luis Carlos Galán, figura emblemática del liberalismo político, fue
asesinado en un mitin, el 18 de agosto de 1989. Este candidato a la Presidencia de la República, entonces el favorito en las encuestas, había criticado el
clientelismo y el narcotráfico.

una verdadera promesa de cambio, fue asesinado. En 1990 se divorció y mandó todo al carajo. Trabajó primero en los ministerios de Hacienda y de Comercio Exterior. Y cuando se dio cuenta de que el nivel de incompetencia, nepotismo y corrupción era aún más grave de lo que ella pensaba, dejó todo de nuevo, para aspirar a una silla en la Cámara de Representantes, la cual ganó en 1994, bajo la bandera del Partido Liberal.

En aquella época la política no era lo mío. Trabajaba en publicidad. Al igual que Íngrid, había viajado mucho. Había vivido y estudiado en el extranjero, pero nunca me había realmente interesado en los asuntos públicos. Yo nací en las olas, en Cartagena, un pequeño paraíso bañado por el mar Caribe. Durante mucho tiempo fui un poco diletante, ensayaba de todo. Dejé a mi familia a los 17 años para ir primero a Bogotá y después a Boston a estudiar Arquitectura. Durante las vacaciones organizaba conciertos de rock en Colombia. Visité Paris, hice *surf* en Australia, sobreviví pintando cuadros primitivistas de paisajes colombianos. Hasta que encontré la publicidad e hice mis logros en comunicación. No, nunca me preocupé demasiado por el futuro de mi país. Incluso tuve que reconocerle a Íngrid que nunca había votado. Como muchos colombianos, nunca he tenido demasiada confianza en el sistema y prefería expresar mi desaprobación mediante mi abstención. Al lado de Íngrid, aprendí que había otras formas, menos estériles, de combatir el sistema que ambos creíamos deficiente. Encontré a una mujer de por sí muy hermosa. Descubrí a una activista culta, honesta, valiente y radical.

En la tarde me ofrecí a acompañar a Íngrid a Bogotá, a ella y al pequeño Lorenzo. Ella aceptó y allí estaba yo, manejando como un padre de familia con una mujer que apenas conocía pero que me gustaba. Su hijo rápidamente me aterrizó a la realidad: ¡en el camino, por culpa de las curvas, vomitó todo lo que pudo en mi carro nuevo! Nos reímos mucho. Recuerdo que nos detuvimos en el pueblo de La Calera. Íngrid estaba terriblemente avergonzada. Yo, para quitarle un poco el drama al asunto, seguí diciéndole a Lorenzo que vomitara lo que necesitaba. Obviamente, en el fondo, estaba muy preocupado por mi hermoso BMW. ¡Pero soy un hombre, un tipo capaz de decir casi cualquier cosa para conquistar a una hermosa mujer!

Dejé a Íngrid frente a su casa, pero ella insistió en que su empleada limpiara mi carro. Acepté con gusto pues ello me daba la oportunidad de pasar un poco más de tiempo con ella. ¡Gracias de nuevo, Lorenzo! Por otra parte, el azar hizo bien las cosas: descubrimos que vivíamos a dos calles el uno del otro. Así que le propuse ir a buscar mi motocicleta para dar una vuelta. Nos detuvimos en un Café Oma. Hablamos durante largo rato. Dibujé un círculo en una hoja de papel. ¡Juro que no le había hecho este truco a nadie antes! Lo dividí en partes que debían representar todos los motivos que la habían llevado a aceptar mi invitación a montar en moto. Empecé a enumerar todas las cosas que nos habían reunido, en ese café, en ese momento: la vergüenza causada por su hijo, algo de tiempo libre, pero también un violento deseo físico. La necesidad de beber café, por supuesto... Ella sonrió. Añadí que, tal vez, ella también estaba muy ansiosa de pasar más tiempo conmigo. No lo negó.

Seguimos hablando durante un tiempo. De repente, no pude más, me acerqué a ella para darle un beso. Íngrid se inclinó hacia mí y nuestros labios se juntaron. Ese primer beso selló el inicio de nuestra relación. El domingo 27 de agosto de 1995, hacia las 10 de noche, nuestra historia había comenzado oficialmente.

Nos mudamos juntos con la mayor naturalidad. Como ella tenía previstos algunos trabajos en su apartamento, le propuse inicialmente que se viniera a mi casa. Nuestra relación tomó otro rumbo en octubre, durante nuestro largo viaje en motocicleta por el Parque Tayrona, en el norte del país. Es un lugar mágico encaramado en la montaña costera más alta del mundo.

El sitio alcanza un máximo de 5.775 metros de altura, a sólo 42 kilómetros del mar Caribe. Cuando era adolescente, me encantaba surfear en ese rincón con mis amigos. Aprovechamos que había un congreso en Cartagena para ir a la ciudad. Presenté a Íngrid a mi familia y dimos media vuelta hacia el Tayrona, recorriendo las salvajes playas paradisiacas. Era verdaderamente increíble. Los kogui, que viven allí, dicen que es el ombligo del mundo. También nos aventuramos en las montañas, hasta la Sierra Nevada. Era tan hermoso que volvimos en diciembre con Mélanie, Lorenzo, y Gabriel, el padre de Íngrid, para pasar Navidad y Año Nuevo.

Unos meses después de terminar los trabajos, fui yo quien se instaló en el apartamento de Íngrid, mucho más grande que el mío. Y seis meses después, durante un viaje a París, les anunciamos a los niños que estábamos pensando en casarnos. No teníamos realmente un proyecto preciso, ni una fecha prevista, pero queríamos mostrarles que lo nuestro era serio. Lorenzo se emocionó de inmediato con la noticia. Siempre tuve un gran afecto por aquel muchacho mareado en el auto, después por el superadolescente en que se convirtió. Con Mélanie, tomó un poco más de tiempo. Tocó domesticarla. Era una buena pelea. Ella tenía diez años, y creo que aún esperaba secretamente que sus padres volvieran a estar juntos tarde o temprano. ¡Ah!, la sombra de Fabrice Delloye, ex marido de Íngrid, sobre nuestra pareja... Aparte de Íngrid, todo el mundo seguía enamorado de él. Tuve mi dosis. Fab aquí, Fab allá... Los padres de Íngrid lo a-dora-ban. Es cierto que es un hombre sorprendente, fue un aliado y un amigo sólido durante el cautiverio de Íngrid. Afortunadamente, los niños me dieron una oportunidad y pronto formamos de nuevo una hermosa familia.

Era consciente de que había comenzado una historia de amor con una gran mujer. Me di cuenta de ello, sobre todo, a raíz de su huelga de hambre en febrero de 1996. En esa época los niños seguían viviendo con nosotros. Durante este año, Íngrid se opuso violentamente al presidente Ernesto Samper[17], ¡un hombre que a pesar de todo llevaba los colores de su partido! Sin embargo, un gran escándalo estalló en el país. Condenado por haber recibido dinero del cartel de Cali, el ministro de Defensa Fernando Botero había acusado al jefe de Estado de haber recibido, él también, dinero del narcotráfico para su campaña. Como muchos colombianos, estaba consternado. Íngrid, indignada también, no quería detenerse ahí. El caso tomó otras dimensiones. Ernesto Samper reconoció los hechos a medias, con el pretexto de que no sabía de dónde provenía el dinero y que si había entrado era a sus espaldas. Como prueba de la pretendida transparencia, les pidió a los con-

---

17   Presidente de Colombia desde 1994 hasta 1998, Ernesto Samper todavía tiene prohibida la entrada a Estados Unidos por sus presuntos vínculos con el narcotráfico.

gresistas pronunciarse sobre su buena fe. Una "comisión investigadora" también fue encargada. ¡Extrañamente, entre sus miembros sólo figuraban amigos del presidente! En protesta, Íngrid comenzó una huelga de hambre en el Salón Elíptico del Congreso. Estaba pasmado con su fuerza física. Un poco aterrado también. Fue muy doloroso verla someterse a eso. Me acuerdo todavía que Lorenzo estaba muy afectado. Era demasiado pequeño para medir lo que estaba en juego. En ese momento, incluso paró de comer, para imitar a su mamá. Tuve que llevarlo al médico. Sin embargo, Íngrid perseveró. Se mantuvo durante trece días y abandonó el Congreso en una ambulancia. No sé si hablar de victoria, ya que nunca se recuperó realmente. Sufre todavía de problemas en el hígado que le impiden consumir alcohol y café.

Pero nunca renunció a demostrar la culpabilidad del presidente Samper. El juicio "amañado", como decía Íngrid, debía comenzar ante el Congreso el 22 de mayo de 1996. Quería encontrar la falla. Teóricamente los parlamentarios tenían acceso a todas las pruebas. Clara Rojas, su fiel colaboradora[18], trabajó día y noche, consultó miles de documentos y examinó cuidadosamente las cuentas para desmantelar su sistema de corrupción. La fecha de la intervención de Íngrid fue fijada el 11 de junio. Estaba logrando su objetivo, era evidente. Diez días antes de su alocución, encontró una espantosa carta en su buzón de correo, amenazándola. El sobre contenía una Polaroid de un cuerpo sangrante. El hombre tenía el rostro hinchado

_____

18   Jurista de formación, Clara Rojas conoció a Íngrid Betancourt en 1992, cuando ambas trabajaban en el Ministerio de Comercio Exterior. Fue su suplente cuando Íngrid fue elegida representante a la Cámara en 1994.

y un ojo que le colgaba. Parecía que había sido golpeado a muerte con la culata de un rifle. Fue horrible. La foto venía acompañada de una nota que decía: "Así se verán tus hijos si sigues hablando". Era una foto real, y no un recorte de revista. Por primera vez en su vida, Íngrid tuvo mucho miedo por sus hijos. Mélanie y Lorenzo tenían diez y siete años. Los mandó de inmediato "de vacaciones" a Francia a donde la madre de Fabrice, durante el juicio.

Íngrid nunca se rindió. La ayudé a preparar su discurso. En la forma más que en el fondo, en lo cual tenía algunas habilidades. Me repetía: "Juanqui, debes encontrarme un bonito logo, un signo que les llegue a las personas". Bonito reto para un publicista. El caso, ampliamente televisado, apasionaba a los colombianos. Era una tribuna inesperada y ella quería pegar duro. Al día siguiente le llevé un dibujo de un elefante.... A Íngrid le encantó la idea. Estalló de risa e inmediatamente comprendió la alusión. Unos días antes, un periodista había entrevistado al arzobispo de Bogotá sobre la presunta corrupción del presidente. Cuando le preguntó si Samper podía realmente ignorar la verdadera procedencia de las sumas colosales que habían entrado a su campaña, dijo esta frase increíble: "Si un elefante entra a su casa, es difícil no verlo ¿o no?".

El 11 de junio de 1996, Íngrid, magnífica, se presentó en el podio vestida con un sastre de falda azul claro. Ya en el estrado, dejó caer la chaqueta ante las cámaras. Yo estaba tan orgulloso. De ella, y de mí también un poco. Llevaba una camiseta estampada con un elefante con tres palabras en letras mayúsculas: "SÓLO LA VERDAD". Vi las miradas consternadas y asesinas en los rostros de los congresistas. Durante tres horas, con la mano en el corazón, habló sobre la presunta corrupción del presidente Samper. "Los colombianos somos los espectadores de una obra actuada con anticipación", dijo Íngrid. Era cierto, pero había dejado claro su mensaje. Ernesto Samper fue exonerado por 111 votos contra 43. Cuando fue exculpado —sin sorpresa— por el Congreso, Íngrid decidió publicar un libro, *Sí sabía*, una investigación explosiva sobre el financiamiento de la campaña electoral de Ernesto Samper por el cartel Cali. Desde ese momento nuestra vida nunca volvió a ser la misma. Cuando la prensa ventiló el proyecto, otras amenazas comenzaron a llegar. Hubo algunas llamadas telefónicas anónimas. Un día incluso, alguien le disparó al carro de Íngrid, sin tocarla. Yo tenía mucho miedo de que sus enemigos no se contentaran con algunas advertencias. En Colombia esa gente mata de verdad.

Íngrid tuvo derecho a guardaespaldas por lo que era representante. De todas maneras eso no me tranquilizaba. Tal vez ella estaba protegida, pero no su familia. Sus hijos, sobre todo. A su lado, nunca tuve miedo por mi propia vida. Temía que para doblegarla, se metieran con los niños. Lamentablemente tuve razón. En diciembre de 1996, después de la publicación de su libro, Íngrid recibió una extraña visita. En el recinto mismo del Congreso, un hombre se le acercó para "advertirle" que su cabeza tenía precio. Para ser más precisos, que unos "sicarios" habían sido contratados, asesinos a sueldo que matan a su blanco montados en moto por una suma irrisoria. Ese día Íngrid no vaciló. Rápidamente recogió a los niños en el Liceo Francés. Inmediatamente fui a buscarla a la casa. Dejamos a los niños tomando onces en la cocina, y tratamos de analizar con calma la situación. Presioné a Íngrid para que se fuera. No había otra solución. No huir, pero por lo menos poner a salvo a sus hijos, en el exterior, donde su padre. Le dije en voz alta lo que ella ya pensaba en voz baja desde hacia algunas semanas. Yo adoraba a Mélanie y a Lorenzo y no quería que nada les sucediera. Íngrid trabajó mucho durante ese año que se quedaron con nosotros. Muchas veces estaba de viaje y yo tenía que ir a recogerlos al colegio, ayudarles con las tareas, darles de comer. Era un padrastro feliz y muy apegado a ellos. No, nada podía pasarles. Íngrid ya había sacrificado tantas cosas en su lucha política que no hubiera soportado que tuvieran que sufrir las consecuencias de su compromiso.

Fabrice, el padre de los niños, es diplomático. Estaba en ese momento en Auckland, Nueva Zelanda. Compré rápidamente los pasajes para viajar fuera del país. Los niños estaban muy contentos de pasar la Navidad con su papá. Sólo hubieran querido despedirse de sus amigos. Íngrid les explicaría después. Al día siguiente nos embarcamos los cuatro en un vuelo hacia Los Ángeles, antes de ir a Nueva Zelanda. Íngrid estaba aterrorizada. Pasamos esa noche en Bogotá pendientes del más mínimo ruido proveniente del exterior. El apartamento de Íngrid estaba ubicado en el fondo de una calle cerrada. Para rematar, en el último piso, o sea fácilmente accesible por el techo. Esa noche nos imaginamos las peores escenas.

Pasé Navidad en Nueva Zelanda con Íngrid, los niños y su ex marido. Fabrice fue muy cálido. Nos abrió las puertas de su casa para que nos pudiéramos relajar. A mí, el nuevo compañero de Íngrid, y a toda su ex familia política. Obviamente, la inevitable Yolanda tuvo que unírsenos, así como el padre de Íngrid. Fueron sin embargo unas vacaciones maravillosas y un verdadero momento de descanso. De repente, la violencia, las amenazas, Samper, los narcos... todo estaba lejos. Pero habríamos de reencontrarlos un día, lo sabía. Nunca dudé que Íngrid retomaría su lucha política a pesar de las amenazas. Con mayor fuerza incluso. ¿Sus adversarios la estaban obligando a separarse de sus hijos? Verían lo que es bueno. Íngrid temía que yo le pidiera que se retirara de la vida política. Nunca hubiera hecho eso. Era su vida. Y amaba a Íngrid como ella era, y también a su proyecto político.

Razón de más para disfrutar de este paréntesis en las antípodas. Seis semanas para disfrutar. Los días de campo con los niños, los paseos por la playa sin guardaespaldas, el placer de dormirse con las ventanas abiertas, mirando las estrellas. No tener más miedo de abrir el correo. Organizamos con calma la nueva vida de los niños con Fabrice. Tocó conseguirles colegio, libros, ropa. Mélanie y Lorenzo tendrían que comenzar de cero, en un país extranjero del cual no conocían ni el idioma ni la cultura. Con su padre, pero sin su madre. La despedida fue desgarradora. Por su seguridad, pero también para satisfacer su proyecto político, Íngrid interpuso miles de kilómetros entre ella y su familia. Me sentí abrumado por la valentía de la mujer y la angustia de la madre.

En febrero de 1997, regresamos a Bogotá después de una pausa de dos meses. Ya era hora de regresar a las convulsiones de la vida en Colombia, la política, la corrupción, el peligro... A pesar de todo, estaba más enamorado que nunca.

Y cuando aterrizáramos en Bogotá, Íngrid sería mi esposa.

VI
Mi mujer (política)

Es una propuesta que no se puede rechazar. Una escala en Tahití, cuando se está de regreso a Colombia, con el corazón un poco apretado. La oportunidad era demasiado bella: Íngrid estaba muy deprimida, sin sus hijos que se quedaron con su padre en Nueva Zelanda, por cuestiones de seguridad. Quería que ella recuperara una pequeña sonrisa. Le propuse que tomáramos unos días de vacaciones en el archipiélago para subirle la moral. Durante ese paréntesis, vivimos en un paraíso, en las playas de Moorea. Un lago color turquesa, medias lunas de arena blanca, nunca habíamos visto nada tan hermoso y relajante. Alquilamos una moto para explorar la isla.

De repente vimos una señal. Le dije: "Mira este aviso, Íngrid...".

Detuvimos la motocicleta. El aviso a la entrada del local indicaba "Matrimonios" en francés. Entramos por curiosidad. La pequeña oficina ofrecía bellas ceremonias con una decoración de tarjeta postal. Vamos, vamos a enloquecernos. Le propuse a Íngrid que se casara conmigo aquí, de inmediato, y pasar nuestra luna de miel en el paraíso. Dijo que sí.

La idea había quedado en el aire desde hacía un tiempo, aunque, a decir verdad, no estábamos muy apurados. Íngrid y yo ya habíamos degustado las delicias del matrimonio —y del divorcio—. No cesábamos de dejar la cosa para más tarde, a sabiendas de que no nos libraríamos. Vivimos juntos y muy felices así. Salvo que el padre de Íngrid, que era realmente muy creyente, veía con malos ojos esa unión libre. Siempre le decía a Íngrid: "¡No se pueden seguir comportando de esa manera! Tenía otro argumento más convincente: a él le gustaba recordarle que podía perder una gran cantidad de votantes si no se casaba. Las tradiciones católicas están muy arraigadas en Colombia. Así, la idea fue ganando terreno. Habíamos decidido "formalizar nuestra situación". Finalmente, lo hicimos de manera muy román- tica. ¡Estábamos muy contentos con nuestra travesura!

Nos unimos por el rito polinesio el 30 de enero de 1997, cuatro días después de nuestra llegada a Tahití. Les habíamos advertido a los niños el día anterior. Estaban muy felices por nosotros. Un poco decepcionados por no estar allí, pero les prometimos que les contaríamos todo. Un día les diríamos, con los ojos llorosos, lo mágico que había sido. Allí, la futura pareja llega en piragua y es reci- bida en la playa por los pobladores al son de los ukeleles. La mujer es invitada a una choza donde es preparada por las mujeres del pueblo. Íngrid fue masajeada con aceite de monoï, mientras que a mí me dibujaban unos falsos tatua- jes en el torso. Ambos teníamos puesto un pareo blanco y flores en el pelo. Nos convertimos en marido y mujer en el marae, un templo tahitiano en piedra, frente al lago. Lejos, muy lejos de los problemas de la vida colombiana.

La ceremonia estuvo marcada por las canciones y bailes tradicionales. Después, la costumbre dicta que la pareja se haga un tatuaje con un mismo símbolo, esta vez real. Porque en Polinesia, la pareja no usa anillos. ¡Ahí va mi primer tatuaje de amor por Íngrid! Pudimos elegir entre varios motivos. Por ejemplo, un hermoso sol, signo de una relación apasionada. Pero a nuestra edad —35 años Íngrid y 38 años yo— preferimos la tortuga, símbolo de una relación duradera, que se supone debe mantenerse durante toda la vida. Aun hoy en día, Íngrid conserva el dibujo de media tortuga tatuada en su pie izquierdo. Yo tengo la otra mitad en el pie derecho. Cuando poníamos nuestros dos pies al lado el uno del otro se formaba el dibujo completo. Hoy me veo ridículo con mi pie tatuado sin la otra mitad. Afortunadamente, es un dibujo discreto. La experiencia fue sin embargo muy dolorosa...

Muchas veces volví a pensar en este episodio durante el cautiverio de Íngrid. Me acordé de cómo, una vez más, me sorprendió por su fortaleza física, su estoicismo, su coraje. Íngrid pasó primero bajo la aguja del tatuador y ni se inmutó. ¡Yo chillé como un niño! Afortunadamente, tuve cinco días de luna de miel en Polinesia para superarlo...

Cuando volvimos a Colombia, tuvimos el placer y el honor de anunciarle al padre de Íngrid que finalmente estábamos casados. Le mostramos nuestras fotos mágicas. ¡Estaba muy entusiasmado! Sólo dijo una cosa: "¡Pero este matrimonio no vale nada!". En efecto. Desde el punto de vista legal, tenía razón. Por lo tanto, nos volvimos a casar por lo civil unos meses después, el 17 de octubre de 1997, con un notario de Bogotá. Era menos romántico que en Tahití, pero todavía lo recuerdo como un día hermoso. Celebramos nuestra unión oficial íntimamente, con una decena de invitados. Los niños no viajaron desde Nueva Zelanda. No vieron a Íngrid con el hermoso vestido de novia de su madre. Tal vez hubiera debido ver ahí el presagio de un futuro trío con Yolanda... (broma de un futuro divorciado). Hoy en día me puedo reír. Además, no sé por qué, pero me asalta una repentina ligereza al evocar ese día. Recuerdo que nos reímos mucho. Estábamos tan felices que poco nos importaban las reservas de algunos miembros de nuestras familias. Sus padres y su hermana estaban presentes. Yo no tenía sino a mi padre y a mi hermano. Mi madre se negó a ir. Oficialmente dijo que estaba un poco enferma. Sé que en realidad no estaba muy entusiasmada con este matrimonio, al principio. Yo amo profundamente a mi madre, pero ninguna niña es suficientemente buena para su hijo. Bien. El padre de Íngrid no me quería mucho más que eso. Hubiera preferido otro "perfil" (un diplomático, el gerente del Banco de la República, un tipo de corbata). Afortunadamente, nos amábamos, y eso era lo único que nos importaba. Al menos en ese momento.

Hubiéramos podido tener hijos. Íngrid mencionó la idea al principio de nuestra relación. Lo admito, yo estaba en contra. Tal vez es mi lado ecológico. Creo que el planeta ya está bastante poblado y va de mal en peor. Teníamos una perra en casa, *Pomme*, una afectuosa labradora que nos satisfacía ampliamente. Con Íngrid, como con mi primera esposa, nunca sentí la necesidad de "reproducirme". Esto no quiere decir que no me gusten los niños. Adoraba tener a Mélanie y a Lorenzo en casa. Si ella hubiera insistido, sin duda habría cedido, por amor. Sin embargo, esa perspectiva era bastante incompatible con la vida que llevábamos. Éramos dos grandes apasionados, por lo tanto forzosamente egoístas de alguna manera. Íngrid estaba muy amarrada a su compromiso político. Sin contar —una visión que comparto con su ex marido— que Colombia no es el país más relajante para criar hijos. Especialmente cuando su madre roza el peligro a menudo...

Nuestro nuevo partido se convirtió, muy naturalmente, en nuestro único y verdadero "bebé". El regreso de Polinesia debía representar un nuevo arranque. Pasar la página. El año 1996 fue terriblemente doloroso y decepcionante. Íngrid trató de denunciar, en vano, la corrupción del presidente. Ella no se identificaba ya con el Partido Liberal. Si había renunciado a vivir con sus hijos, tenía que ser por una gran causa, justa y honesta. Planeaba postularse para un escaño en el Senado y así aumentar su poder político. Lo único que faltaba era encontrar un partido que se ajustara a sus convicciones. Yo sólo veía una solución: crear su propio movimiento. Una apuesta un poco loca, imposible, como a ella le gustaba. Se necesitan cincuenta mil firmas para fundar un partido en Colombia. Toda persona en edad de votar tiene derecho a firmar. Reunimos a un círculo de fieles esa misma noche para sondearlos. Todos estaban comprometidos. La idea fue ganando terreno en nuestra red de amigos. ¡Un mes más tarde, estaba hecho! Setenta mil personas estaban dispuestas a seguirla, yo de primero. Sin dudarlo, hice una pausa en mi trabajo para ayudarle a hacer campaña. Éramos como dos adolescentes. Todo estaba por hacer. No teníamos financiamiento, ni oficinas, ni siquiera verdaderos militantes, pero daba igual. Teníamos confianza en el futuro.

Antes que nada, teníamos que darle un color a este partido, una identidad y un nombre que sonara como una promesa. Íngrid no quería un término que recordara a los partidos tradicionales. Empecé a pensar. ¡Una palabra se me vino rápidamente como evidencia: oxígeno!

Ya que el medio ambiente era uno de nuestros temas de campaña y, en sentido más metafórico, porque teníamos la impresión de ahogarnos en Colombia y de que el país necesitaba respirar aire fresco. A Íngrid le encantó. Como acababa de abandonar el Partido Liberal, lo bautizamos Movimiento Oxígeno Liberal. Pero luego cambiamos de opinión. Realmente había que cortar con el pasado. Así que elegimos Oxígeno Verde, para marcar bien nuestra dimensión ecológica. Pasé una noche en vela desarrollando el primer afiche. Muy simple. Íngrid sobre un fondo azul. El mensaje era claro y limpio: Íngrid es oxígeno. Además, tuve la idea de transformar la "x" de oxígeno en un pequeño hombre amarillo saltarín. Un *gimmick* divertido para completar el afiche. A los 36 años, ella encarnaba la juventud, la esperanza y la renovación.

La campaña fue espectacular. Se distribuyeron en la calle máscaras contra la contaminación. ¡No podíamos pasar inadvertidos! ¡Era una campaña fresca y relajada, que les daba un duro golpe a las otras! Los afiches comenzaron a florecer en todo el país. Los aportes también. ¡En Barranquilla, Cali, Medellín, Popayán, Cúcuta, en todas partes se veía a los nuevos partidarios aparecer con nuestra máscara fetiche en la cara! En Bogotá, los políticos pretendieron no tomarnos en serio. Supuestamente, Íngrid era demasiado joven, no estaba suficientemente establecida en el país, ni lo suficientemente curtida. A diferencia de otros, Íngrid no había sobornado o comprado a nadie. De repente, les parecía inofensiva...

Íngrid silenció los malos augurios con gran clase. ¡En marzo de 1998 fue elegida senadora, con la votación más alta de Colombia! Las oficinas de nuestra campaña estaban alborozadas. Todo el mundo quería abrazar a Íngrid. Los partidarios afloraban de todas partes. Músicos entonaban el himno nacional. Yolanda lloraba. Reímos y bailamos hasta el amanecer. Sólo nos hacían falta Mélanie y Lorenzo para que la fiesta estuviera completa. Íngrid llamó a Nueva Zelanda, a pesar de la diferencia de horario, para anunciar la noticia a los niños. Ese día, Íngrid se dijo que no había hecho todos estos sacrificios en vano, que podría hacer oír su voz.

A la mañana siguiente, el retrato de Íngrid apareció en las primeras páginas de toda la prensa. El éxito de su partido fue una verdadera sorpresa que cambiaba considerablemente la vida política en Colombia. Ya nadie se atrevía a burlarse, y de repente mi esposa les interesaba a los candidatos a las elecciones presidenciales que debían celebrarse unas semanas después. Dos candidatos tenían posibilidades de ganar. Íngrid no podía acercarse al candidato liberal, Horacio Serpa, un amigo cercano de Ernesto Samper que ella misma había combatido tan enérgicamente. Quedaba Andrés Pastrana, el hombre del Partido Conservador. Tenía algo de popularidad desde que había denunciado un escándalo político cuatro años antes. Él llamó a Íngrid el día después de su elección al Senado para proponerle una alianza. Ella era muy reticente a la idea de acercarse a un partido "tradicional", pero Pastrana le prometió emprender cambios radicales en la vida política del país que Íngrid exigía. El 6 de mayo de 1998, Íngrid se comprometió a firmar un pacto con él. A cambio, Pastrana se comprometió a promulgar diez reformas importantes, por referendo si era necesario, durante el primer trimestre de su mandato. Durante un mes, hizo campaña a su lado. Los colombianos gritaban el nombre de Íngrid en todas las reuniones.

Pastrana no aparecía como ganador en las encuestas. Si final-mente ganó las elecciones del 21 de junio de 1998, y por muy poco, fue, sin duda, gracias en parte a ella. Obviamente, él la olvidó de inmediato. Rápidamente enterró el acuerdo que habían firmado y no inició ninguna reforma de fondo contra la corrupción. El nuevo presidente comenzó rechazando su reciente reforma antes de presentarla a los colombianos. Íngrid lloraba de rabia en casa. Rompió públicamente el pacto con gran firmeza y dignidad, pero estaba herida. Este episodio nos acercó mucho. Pocos meses después de una victoria triunfal en el Senado, había sido engañada y se vio condenada a unirse a la oposición. Otra vez. En cuanto a mí, también comencé a pagar el precio de mi compromiso con ella. Algunas puertas se cerraron repentinamente para mí a nivel profesional. En ese momento yo era vicepresidente creativo de Toro Publicidad, una de las agencias de publicidad más importantes del país. Extrañamente, de repente me costaba trabajo encontrar clientes. Al año siguiente, amablemente me mostraron la puerta de salida. Sobreviví. Un trabajo trae uno nuevo. Me asocié en otra agencia. En ningún momento he lamentado lo que emprendí con Íngrid.

Ella no renunciaba nunca. Solamente, de ahí en adelante, mi esposa cabalgaría sola. No más alianzas inestables con la clase política. Íngrid podía contar conmigo y algunos fieles irreductibles, como Clara Rojas. Entonces, empezamos de nuevo campaña, llenos de entusiasmo y esperanza, para las elecciones presidenciales de 2002. Esta vez, Íngrid me pidió sin rodeos que renunciara a mi trabajo para dedicarme 100% a su campaña. Acepté sin dudarlo, aunque nunca pensé que Íngrid podría ganar la presidencia. Ella tampoco. Sólo esperábamos, en nuestros sueños locos, rondar el 15% o el 20% de los votos para tener realmente algún peso sobre el futuro del país.

Es un período que a menudo recuerdo con gran nostalgia. Trabajábamos de la mano. Íngrid estaba feliz. En ese mismo año pudo ver a sus hijos. En 2000, su padre fue trasladado a República Dominicana. Fabrice, formidable como siempre, podía elegir entre varios destinos y optó por el que estaba más cerca de Colombia. Mélanie y Lorenzo regresaron a vivir con nosotros mientras él se instalaba. A pesar de las presiones de la vida política, llevábamos una existencia agradable. La publicidad me había dado buen dinero e Íngrid, como senadora, tenía una asignación parlamentaria muy cómoda. Gracias a mi formación de arquitecto, yo le había ayudado a renovar su apartamento. Un dúplex hermoso, 280 metros cuadrados, en los pisos 8 y 9 de un edificio acogedor. No en el mejor barrio, pero en lo alto de la ciudad, con una hermosa terraza y una vista espectacular en las colinas circundantes.

En esa época alquilamos una finca en el campo para tener algo de verde los fines de semana. Íngrid instaló a Isis, la yegua, que tuvo dos potros. Llamamos al mayor *Gerenui* ("mi amor" en tahitiano) para Mélanie, y el otro *Infiernito* para Lorenzo. Me encantaban esos momentos de tranquilidad, en familia –aun si la mayoría de los fines de semana, inevitablemente, mi suegra se autoinvitaba. ¡Ah, las alegrías de la familia nuevamente unida! Sí, así es, eran reales, e incluso a veces sorprendentes. En 1998 también compramos una cabaña en la montaña, en Estados Unidos. Exactamente en Victor, un pueblo de Idaho, en la frontera con el estado de Wyoming, cerca de la estación de esquí de Jackson Hole, donde las estrellas como Harrison Ford y Sandra Bullock tenían propiedades. Nunca nos perdíamos de esa escapada a esquiar cada invierno. Allá también a veces Yolanda se incrustaba. ¡Incluso Fabrice también se asomó una vez y debo admitir que pasé unas excelentes vacaciones con el ex marido de mi esposa!

Nunca tuve tiempo para aburrirme. En 2001, Íngrid decidió lanzarse a la carrera presidencial. Me metí de lleno en su campaña. Le conseguí esa "chiva" en Moniquirá en la que recorrimos medio país. Y volvió a arrancar una gira. Con el mismo entusiasmo, la misma adrenalina, y también las mismas preocupaciones que antes. Íngrid temía menos por su vida que por la de Mélanie y Lorenzo. Las amenazas aparecerían de nuevo. Una vez más, decidió enviarlos a casa de su padre.

La campaña se anunciaba larga y difícil. Nunca imaginé terminarla sin ella...

VII
MARIDO DE NADIE

El año anterior, Íngrid me había organizado una sorpresa inolvidable. Una maravillosa fiesta para celebrar mis 43 años. Se había puesto los pantalones "bota campana" a cuadros que me gustaban y también una camiseta de la Global Greens, el grupo de los Verdes del cual hacia parte nuestro partido. Todos mis amigos estaban allí. Escuchamos Police y los Stones hasta el final de la noche. Una velada estupenda, rock y nostalgia a la vez. Íngrid también preparó el pudín de vainilla que comía en mi infancia. Ella sabía que me encantaba celebrar los cumpleaños, especialmente el mío.

Este año, el 23 de noviembre de 2002, ella no estaba allí. No podía imaginar que no hubiera pensado en ello. El día de mi cumpleaños. Íngrid se pudría en cautiverio desde hacía nueve meses, en algún lugar de la selva colombiana. Esa noche, preferí pasar mi cumpleaños solo. Me hacía tanta falta que hasta ensayé hablarle. Llamé a Radio Caracol para enviarle un mensaje. Todos los domingos entre la medianoche y las cinco de la mañana, la emisión *Las voces del secuestro* abre sus micrófonos a las familias de los secuestrados. Sólo hay que ser paciente. Cada semana, cientos de familias tienen la misma idea, la misma necesidad que uno. Esperé hasta las dos de la mañana para "hablar" con Íngrid. Es una manera de decirlo, sí: es difícil expresarse en el vacío, sin nadie que responda, sin saber siquiera si uno es escuchado. Uno daría cualquier cosa por oír un simple "sí", "continúa", "estoy escuchando". Incluso un solo respiro. Esa noche, al igual que otras, me imaginé a Íngrid, en un campamento, con su cara pegada contra un viejo transistor. Contra mí por un instante. Esperé mi turno durante una hora y media para "hablarle" sólo tres minutos. Uno no puede desbordarse, porque las demás familias están esperando. Entonces lo hice rápido. Le di noticias de los niños. Le hablé acerca de la vida sin ella, nuestra movilización. Le dije que la amaba. Y me desee un "Feliz cumpleaños" de su parte. Nunca supe si ella me oyó. Si recibiste ese mensaje, Íngrid, espero que hayas sonreído.

Después de esto, el presentador cantó *Feliz cumpleaños*, lloré y colgué.

El secuestro crea una sensación de vacío, de ansiedad, de angustia, y en mi caso, un sentimiento de desesperanza y abandono indescriptible. La soledad se convierte en nuestra única compañera. Los recuerdos, nuestro lánguido consuelo. Los tres, cuatro primeros meses, uno está muy rodeado. Demasiado, casi. La familia, los amigos, los periodistas, todo el mundo quiere noticias. Pocos días antes del secuestro, recibí a dos periodistas estadounidenses de la cadena HBO que vinieron a hacer un documental sobre la campaña de Íngrid. Después del secuestro, ellas siguieron mi lucha día y noche durante cuarenta días. Luego, poco a poco, el interés general se va perdiendo. Después de unos meses —supongo que es humano— todo el mundo se cansa un poco. Todo el mundo retoma el curso de su propia vida. Y uno no es realmente muy buena compañía. Un secuestro es un duelo que no se puede hacer. Uno espera recuperar un cuerpo. No se llora una vida, sólo una desaparición. Uno no hace el duelo de una persona, sólo de una presencia.

Estaría tentado de añadir: ¿de qué nos quejamos? La constante es cruel, pero realista. Mi sufrimiento es también el de miles de familias. Y mi drama, una tragedia nacional. Hoy en día, en 2010, algo así como dos mil secuestrados siguen en manos de varios grupos armados en el país. Es enorme. Los secuestros, económicos o políticos, son el cáncer de la democracia colombiana. ¿Se sufre? Es muy triste, pero desafortunadamente uno no es el único. Sólo hay que escuchar la radio para darse cuenta. Dos programas radiales les permiten a las familias comunicarse con los secuestrados, con la esperanza de que tengan un radio a disposición. Además de *Las voces del secuestro*, de Caracol Radio, otro programa, *La Carrilera*, en Antena 2 de RCN, emite todos los días entre las 5:00 y las 5:30 de la mañana pequeños mensajes de apoyo de treinta a cuarenta segundos.

Cada semana, miles de colombianos esperan estos encuentros inciertos con sus familiares. A menudo me decía que sólo ellos sabían cómo me sentía. Es una sensación terrible: a fuerza de escuchar *Las voces del secuestro*, uno se siente menos aislado, pero al mismo tiempo terriblemente solo en el mundo. Por supuesto que compartimos el dolor de otras familias. Somos tantos, que debemos esperar entre media hora —en el mejor de los casos— y una hora y media para pasar al aire. Sólo que uno también relativiza mucho. Recuerdo una noche haber oído a una niña de seis años hablarle a su padre, secuestrado hace dos años. ¿Acaso el dolor de un marido es más soportable que el de una niña que llora a su papá? Otra familia espera a su hijo desde hace diez años. ¿Entonces por qué habría yo de tener más suerte? ¿Podría esperar tanto tiempo?

Todo el mundo hace lo que puede. Por mi parte, enviaba mensajes a Íngrid dos o tres veces en promedio por mes. Mucho menos que Yolanda, su madre, quien le enviaba uno cada día. Ignorábamos si Íngrid tenía acceso o no a una radio. Durante sus primeros meses de cautiverio, estaba un poco perdido. Primero me hablaron de las emisiones transmitidas por la radio pública nacional. Fui allí varias veces. Cada vez había decenas de familiares de los rehenes que estaban esperando. Había que hacer cola para grabar su mensaje. Fue desde este estudio que hice el primer llamado a mi esposa.

Yolanda se dirigía a su hija religiosamente todos los días, y en ambas emisoras. La madre de Íngrid, que es muy creyente, no dejó de rezar para que esos mensajes le llegaran y tuvo razón.[19] Se levantaba todas las mañanas a las 4:30 y difundía su mensaje por Antena 2 radio. Era la única de la familia que se imponía eso. A mí, esas llamadas telefónicas me aniquilaban, lo digo francamente. Yo nunca me acostumbré, al contrario de su madre. Para Yolanda, se convirtió en una especie de sacerdocio. Ella llegó incluso a arreglar para que la emisora la llamara directamente a su casa. Esperar cerca del teléfono. Levantarse. Pensar en

---

19 "Mamá, a veces puedo escuchar la radio", dice Íngrid Betancourt en la tercera prueba de vida el 30 de agosto de 2003. "Lo que estás haciendo es hermoso, lleno de solidaridad hacia todos aquellos que están en la misma situación, marcada por la prudencia, la discreción, la humildad, la fuerza de convicción. Estás allí, me das fuerza. Te amo".

Íngrid. Enviarle un mensaje. Colgar. Volver a dormir o ducharse para comenzar un nuevo día sin ella. Yo no habría logrado repetir esas acciones todos los días. Me socavaba demasiado, el enviar un mensaje a mi mujer sin siquiera saber si me había escuchado. Colgaba y me quedaba postrado durante varios minutos.

Me sentía más cómodo con la emisión de Herbin Hoyos, el animador de "Las voces del secuestro". La franja horaria de la noche —a partir de la medianoche hasta las 5 de la mañana— se adaptaba mejor a mi melancolía, aun si el ritual era doloroso. Empezar a llamar a las 11 de la noche, sin interrupción, porque siempre suena ocupado. Tecla "Volver a marcar". Tecla "Volver a marcar". Tecla "Volver a marcar". Somos tantos los que deseamos vaciar el corazón. Contrariamente a Yolanda, siempre me negué a que el conmutador me llamara directamente. Yo quería ser como los demás. Así que después de dos horas, lograba finalmente comunicarme con la estación. Después, me quedaba en la línea aproximadamente durante una hora para escuchar los mensajes de otros, esperando mi turno. Todo esto para hablar máximo tres minutos, y darles la oportunidad a los demás de poder hablar. Por fuerza, siempre utilizaba el mismo guión. Algunos de los familiares dejaban mensajes terribles, tales como "ahora vamos a perder la casa porque no tenemos más dinero". Por mi parte trataba de evitarlos. Le ahorré todos los problemas financieros y políticos que tuvimos. Para qué deprimir aún más a alguien que, evidentemente, en cautiverio en la selva, no puede hacer nada. No es el rehén quien va a enviar un cheque o de repente coger el teléfono para resolver el problema. Me limitaba a las buenas noticias. En abril de 2002, le dije en la radio que había logrado registrar su candidatura a la presidencia. "¡Listo, Nini, eres oficialmente candidata! Esperamos tu regreso para hacer una buena campaña". Si ella no pudo oír este mensaje, tal vez alguien se lo haya repetido... Antes de dejar un mensaje, llamaba siempre a Mélanie y a Lorenzo. Todas mis intervenciones comenzaban con noticias de los niños. Por un momento hablaba de ellos. Después le decía que la amaba y que me hacía falta. Al final del mensaje hacía referencia a cosas pequeñas de lo cotidiano, o le hablaba de nuestros amigos. Y concluía siempre diciéndole: "Te amo. Estás siempre conmigo, te llevo siempre en mi corazón, cuídate mucho, aliméntate bien, aguanta, te esperaré por siempre, toda Francia y Colombia te apoyan".

Después de los mensajes, estaba tan descompuesto que no me podía dormir. Por lo general, me sentaba unos minutos en el banco que había construido en la terraza de nuestro apartamento y esperaba la salida del sol, como alguna vez lo había hecho con Íngrid a mi lado. A menudo veía el amanecer. Miraba la luna. Los secuestrados se levantan muy temprano, alrededor de 4: 30 en la selva. Así que pensaba que Íngrid y yo podríamos estar mirando la misma luna, al mismo tiempo. A veces *Pomme*, su fiel labradora, se hacía a mis pies. Yo no era fanático de los perros antes de conocer a Íngrid, pero estaba muy contento de tenerla. Ella me acompañó durante cuatro años antes de morir de vejez en 2006, cuando tenía 14 años. Su yegua *Isis* también murió durante el secuestro. Puse sus dos potros en un pequeño centro de equitación donde Íngrid podría encontrarlos a su regreso.

El tiempo pasa y uno se siente impotente. Uno haría cualquier cosa. En agosto de 2002, fui a conocer a Jorge Augusto Bernal Romero, un miembro de las FARC detenido en la cárcel de La Picota, en Bogotá. Quería que me ayudara a organizar un viaje para poder ver a Íngrid. Obviamente eso era imposible. Les ahorraré los chistes cuando propuse cambiarme por mi esposa. Al menos lo intenté. Se rieron de mí diciendo que yo no valía nada. Íngrid, en la búsqueda de la Presidencia de la República, se convirtió en un símbolo del orden establecido. Era pues una bella presa de guerra.

Durante ese primer verano sin ella, yo estaba tan desamparado que cometí un gran error. Algo absurdo: me hice tatuar la cara de Íngrid en mi brazo izquierdo. Había tomado esta decisión después de los resultados de las elecciones presidenciales en mayo de 2002. La candidatura de Íngrid obtuvo un registro catastrófico. Menos del 1% de los votos. Los medios de comunicación iban a perder aún más interés en su caso, y yo necesitaba sentirla cerca de mí. Es un poco radical, lo sé, pero ya: la llevaba en la piel. La idea de un tatuaje cruzó primero mi mente. Rápidamente se convirtió en una obsesión. Al mes siguiente, cuatro meses después de su secuestro, me fui a donde un tatuador con una foto de Íngrid. Mi proyecto le pareció ambicioso. Me dijo que sería necesaria un área grande. Por lo menos 10 por 5 centímetros, con lo que sería muy doloroso. ¡Ouch! ¡Yo, que había resistido muy mal nuestro pequeño tatuaje en Tahití, de un tamaño ridículo al lado de este! No importa, me lancé. Lo necesitaba. El "artista" eligió la parte superior del brazo, la zona supuestamente menos dolorosa. Todo es relativo: me demoré cinco horas... Cuando mi madre vio el resultado, me echó un vainazo. "¿Y si Íngrid no vuelve, si te enamoras de alguien más?". Me pareció muy duro. Por desgracia, tenía razón, al menos en parte. De alguna manera, Íngrid no volvió a mí y tengo que vivir con eso: mi celibato nuevo y ese ridículo tatuaje en el brazo izquierdo.

Físicamente, moralmente, económicamente: hice todo lo que pude para aguantar. En seis años, he "visto" a mi esposa en cuatro ocasiones. Cada vez a través de "pruebas de vida" como dicen ellos. La primera llegó a donde su hermana Astrid, en julio de 2002. Este primer video nadie lo ha visto, excepto nosotros. Nunca se lo mostramos a los medios de comunicación, por respeto a la dignidad de Íngrid. Es un testimonio conmovedor. Allí se ve a Íngrid, durante catorce minutos, llorar la muerte de su padre. Se enteró por casualidad, un mes después de su muerte, leyendo un periódico viejo que había sido utilizado para pelar verduras. Es insoportable. Íngrid se había quebrado. Yo mismo no vi el video sino una vez. Llegó a donde Astrid y fue ella quien lo guardó después. Hoy en día lamento un poco el no haber insistido más para recuperar la cinta o hacérmela prestar. Porque hay también una declaración de seis minutos de Clara Rojas, para su mamá, al final del primer video. Pero su madre nunca la vio. Astrid tenía tanto miedo de que las imágenes de Íngrid desconsolada circularan que ni siquiera advirtió a la madre de Clara. Clara Rojas afirma en su libro[20] que la familia Betancourt se negó a transmitir un mensaje que ella le habría escrito a su madre en el reverso de una carta enviada por Íngrid. Nunca recibimos esta carta. Sin embargo, debimos haberle mostrado esa cinta. Las familias de los rehenes no siempre son solidarias. A veces, los miembros de una familia llegan a no estar de acuerdo entre sí, como a menudo nos pasó a nosotros. Pero este día en especial, fuimos muy egoístas.

---

20   Clara Rojas, *op.cit.*

Por mi parte, estaba tan atolondrado por lo que había visto, que sólo pensé en la miseria de Íngrid. No estuvo bien de nuestra parte dejar que Astrid acaparara esa primera prueba de vida y dejar sin noticias a una madre. Estábamos en posición de saber que los seres cercanos a los secuestrados son también víctimas de la guerrilla.

El problema se resolvió después rápidamente. Molesta de que los medios no le dieran un mayor despliegue a este hecho, la guerrilla envió rápidamente un segundo video, el 23 de julio de 2002, veinte días después. Directamente a la prensa para estar seguro de transmitir el mensaje. Esta vez, fueron los medios de comunicación los que no tuvieron ningún respeto por nosotros. Recibí una llamada de un periodista de televisión que me convocó con urgencia en casa de Yolanda para participar en una emisión en directo. Se trataba, supuestamente, de un programa especial dedicado a los cinco meses de cautiverio de Íngrid. Llegué a donde Yolanda a quien le habían dicho lo mismo. Nos preparamos para el programa, el noticiero comenzó y el presentador nos lanzó una nueva prueba de vida en las narices, en directo, sin advertencia alguna. Lo descubrimos al mismo tiempo que todo el mundo. Estaban orgullosos de su "chiva". Reaccionamos, ahí, en caliente. No recuerdo lo que dije entre dientes, pero recuerdo que el proceso, el video, toda esa puesta en escena nos sorprendió realmente. En este video, Íngrid tiene la mirada cansada, se dibujan sus rasgos. Lleva puesta una camisa oscura y tritura nerviosamente un esfero que descansa sobre una mesa de madera La grabación de veintidós minutos tiene fecha del 15 de mayo Fue grabada entonces dos meses antes. El único alivio: en la pantalla, Íngrid parece saludable y habla de manera muy combativa con respecto a la primera prueba de vida. Vuelve sobre las circunstancias de su secuestro y denuncia el abandono de los secuestrados por parte del gobierno. Dice también que cree en la paz, rechaza la idea de una solución negociada para su liberación. "No pido intercambio por mí ni por los otros secuestrados —dice—. Porque es una decisión del gobierno, y el gobierno debe ser libre, no puede haber ningún chantaje o presión sobre las decisiones del gobierno. Lo que no acepto, como colombiana, es el abandono del Estado colombiano". Es la mujer política la que habla. Aquella que no se arrodillará jamás. La mujer que amo.

Grabé esta prueba de vida cuando fue retransmitida. A menudo la miraba la volvía a pasar. La miraba a solas, en mi casa, más o menos una vez al mes pensando en Íngrid. Para pensar en ella en la selva, me agarré de estas raras imágenes.

La tercera prueba de vida llegó a los medios de comunicación al año siguiente, el 30 de agosto de 2003. Como la anterior, es a la vez tranquilizadora y aterradora. Íngrid parece tener buena salud. Dedicó una palabra para cada miembro de su familia. Como en los otros dos videos, hace un pequeño ritual afectivo. Cita a sus seres queridos en el mismo orden: Lorenzo, Mélanie, Yolanda, yo, su hermana Astrid, su ex marido Fabrice, Sebastián (el hijo mayor de Fabrice), su sobrina Anastasia y su sobrino Stanislas, los hijos de Astrid. Me conmovió que ella me mencionara en el cuarto lugar, justo detrás de sus hijos y su madre. Ella nos ama. Ella me ama. Nuestro amor será más fuerte que el cautiverio. Pero nuestro amor sigue siendo frágil: Íngrid no quiere ceder ante las FARC. Está dispuesta a arriesgar su vida. Sabe de qué habla, pues evoca la muerte del gobernador de Antioquia, Guillermo Gaviria, y del ex ministro de Defensa, Gilberto Echeverri, ejecutados por las FARC el 5 de mayo de 2003 durante un intento de rescate por el ejército colombiano. Íngrid sospecha que su familia prefiere un acuerdo negociado, como un intercambio de prisioneros, pero nos recuerda que está absolutamente en contra. "Quiero pedirle a mi familia que, por el contrario, apoye a las fuerzas militares, y que estas se comprometan a organizar las operaciones de rescate que puedan llevarnos a la liberación —dijo—. Quiero que defiendan esta línea de conducta con mucha fuerza, quiero que la entiendan. Mi padre tiene un lema personal: 'Uno tiene que buscar augurios más altos que su duelo'. Y lo que quiero es la paz en Colombia". Esto es una buena señal. A pesar de que perdió las elecciones presidenciales, incluso secuestrada, Íngrid está en campaña. Se mantiene fiel a sus convicciones.

Mientras tanto, transformé nuestra casa en un altar.

Durante seis años, nuestro apartamento quedó detenido en su recuerdo. Su pantalón "bota campana" y su camiseta con los colores de los Global Greens no se han movido de su ropero, como el resto de su vestuario, en el lugar mismo donde los dejó. Tenemos dos baños y el de ella permaneció intacto, con su cepillo de pelo, su jabón, su dentífrico. Un día tuvo que colgar su bata en mi baño. La dejé ahí. La veía todos los días. No sé si eso era bueno o malo para mí. El tiempo se detuvo incluso en las habitaciones de los niños: en 2002, Mélanie era una adolescente y Lorenzo aún un niño. En las paredes, una galería de retratos resume los momentos felices de la familia. A menudo recibía periodistas en este apartamento. Tenían la impresión de entrar en un santuario...

Las primeras noches, solo en la gran cama, fueron muy difíciles. Después, uno cree que se habitúa, pero es falso. Nadie puede vivir así: ni el secuestrado ni sus allegados. Yo sé que, por mi parte, me culpabilizaba por todo. Cuando compraba ropa, cuando comía, cuando tomaba una ducha... Cada gesto de la vida cotidiana nos recuerda aquello de lo que está privado nuestro ser amado. Me autorizaba un único lujo: el golf. En el *green* lograba ocultar al fin mi sufrimiento. El golf requiere una gran concentración. Hay que liberar realmente la cabeza para apuntar y dosificar bien el *swing*, si no el juego no tiene interés. Por desgracia, no vivía en un *green* y no podía enterrar mi drama en un búnker. Luego, el resto del tiempo, me aferraba a gestos anodinos.

Cuando salía de compras, con cierta regularidad, cada dos o tres meses, me llenaba de yogures. Sin embargo, yo nunca tomo. Íngrid sí. Hice también algunas compras compulsivas de cereales. Sus preferidos. Paré cuando acumulé seis o siete paquetes. Hay también una marca de queso mozzarella en particular que le encanta. Una vez, recuerdo haber comprado "en caso" de que volviera a casa la semana siguiente.

Un día, la esposa de otro rehén me dijo que éramos como "semiviudas". Es cierto. Hemos perdido a un ser querido... por un período indefinido. Y mientras tanto, nos prohibimos vivir normalmente.

Finalmente fui ver a una psicóloga, dos años antes de la liberación de Íngrid. La encontré a través de la fundación País Libre, especializada en ayudar a las familias de los secuestrados en Colombia. Ya habían pasado cuatro años, veía pasar los meses y a veces creía que me iba a volver loco, sobre todo cuando me desplazaba en mi carro. Normalmente, me encanta conducir. Pero estaba más propenso a ataques de ansiedad en los trancones, muy frecuentes en Bogotá. Tenía que parquear, tomar aliento y esperar escuchando la radio para relajarme. No soportaba ya ir a lugares donde había mucha gente, como en el cine. Me estaba volviendo agorafóbico. Me daban ataques de pánico.

Durante seis años he vivido con miedo. Imaginándome los peores escenarios. Sintiendo mi pulso acelerarse tan pronto como sonaba el teléfono algo tarde en el día o en mitad de la noche. Por lo general sólo era un periodista extranjero, desfasado por el horario. Después del secuestro de Íngrid, nunca apagué mi celular. Por si acaso... Cada cuatro o cinco meses, había una alerta. En junio de 2007, once diputados secuestrados políticos como Íngrid, murieron durante un ataque a un campamento guerrillero. Me enteré por un periodista colombiano que me llamó a las 2 de la mañana para saber cuál era mi reacción. Fue horrible. Le tomó casi un minuto decirme que Íngrid no estaba entre las víctimas. Los instantes más largos de mi vida.

Sí, Íngrid podía morir. Y si lo dudábamos, su última prueba de vida, en noviembre de 2007, nos lo recordó trágicamente. En este video, Íngrid no dice nada. Tiene el pelo largo y mira al piso con la mirada vacía. Se niega incluso a mirar a la cámara. Está demacrada y al parecer encadenada. Pareciera que no quiere luchar más. Este video venía acompañado de una larga carta de doce páginas a su madre.

"Este es un momento muy difícil para mí —escribió Íngrid—. Piden pruebas de supervivencia a quemarropa y aquí estoy escribiéndote con mi alma tendida sobre este papel. Estoy mal físicamente. No he vuelto a comer. El apetito se me bloqueó. El pelo se me cae en grandes cantidades".

Y resume: "La vida aquí no es vida. Es un desperdicio lúgubre de tiempo. Vivo, o sobrevivo, en una hamaca tendida entre dos palos, cubierta con un mosquitero y con una carpa encima, que oficia de techo, con la cual puedo pensar que tengo una casa.

Hay una frase conmovedora para mí. Íngrid escribió: "Yo sé que esta separación es cruel y difícil, comprendo todo y te amo como el día en que contamos estrellas fugaces, tendidos en la playa de Moorea. Dile que esté en paz con él mismo y conmigo. Que si la vida nos lo permite, saldremos de esta prueba más fuertes que antes",

Ella habla de nuestro matrimonio en Polinesia. Lloré como lloré cuando descubrí su primer video en donde Astrid cinco años antes. Temía que esta fuera la última carta. Además, el final del texto se parece de manera extraña a un testamento político.

La última "prueba de vida", si puede llamarse así, más bien parecía una advertencia de que pronto podría morir. Tenía tanto miedo de que así fuera. De convertirme, en verdad, en el marido de nadie.

VIII

Hermosa familia

"¿Regresará pronto?". El padre de Íngrid murió llamando a
su hija. Gabriel Betancourt falleció el sábado 23 de marzo de
2002, a las dos de la tarde. Un mes exactamente después, y casi
a la misma hora que el secuestro de su hija. Sus últimas palabras
fueron para ella. Tenía 84 años. Cuando Íngrid fue tomada
como rehén, los problemas del corazón del viejo empeoraron.
Tenía miedo de que ella sucumbiera a una operación militar,
como aquella que le había costado la vida a Diana Turbay.[21]
Llorando su muerte, lloré sobre todo por Íngrid. Nunca vi a
alguien amar tanto a su padre. Un amor loco y recíproco. Me
he preguntado a menudo cómo haría para aguantar la noticia. La primera "prueba de vida", que no le revelamos a nadie,
confirmó mis temores. En la época llamamos a la oficina de
las FARC en México, a Marcos Calarcá, para pedir que Íngrid
fuera liberada, en un gesto de humanidad, para asistir al fu-

---

21   En el país, nadie ha olvidado el trágico destino de Diana Turbay, aquella periodista hija de un ex presidente de la República, secuestrada por orden
de Pablo Escobar. Fue muerta por dos balas en la espalda en 1991 durante una
operación de rescate fallido a la que se había opuesto su madre.

neral de su padre. Esperamos tres días en vano. No había riesgo de que viniera, dado que no supo de su muerte sino un mes después. Durante seis años, las cenizas de Gabriel Betancourt permanecieron en un mausoleo de la iglesia de Cristo Rey en Bogotá, esperando a que su amada hija viniera un día a dispersarlos.

Íngrid y su hermana Astrid vivieron una niñez dorada en París, cuando su padre era embajador de Colombia ante la Unesco. La familia vivió en la Avenue Foch.

Tenían una niñera e iban al Instituto de la Asunción, en el distrito xvi. A pesar de todo, Gabriel nunca dejó de reiterar, a Íngrid en particular, que tenía una deuda con Colombia.[22] Que no todo el mundo tenía una vida tan fácil. Íngrid terminó por honrar esa deuda en 1990, cuando dejó todo (incluso a su primer marido) para dedicarse al futuro político de Colombia. No puedo decir que fui cercano a su padre. Era demasiado piadoso para mí. Iba a misa todos los días. Pero nuestras relaciones eran cordiales. A veces lo molestaba con sus dos hijas pecaminosas ¡Entre las dos tenían cinco matrimonios! Creo que el primer divorcio de Íngrid lo afectó mucho. Rápidamente me di cuenta de que prefería ver a su hija casada con un brillante diplomático, antes que con un publicista todero. Sin embargo, lo respetaba mucho. Gabriel Betancourt era una figura política en Colombia. Fue dos veces ministro de Educación. Creó un excelente sistema de becas en el extranjero que existe

---

22   Íngrid Betancourt cita una frase de su padre, durante su adolescencia, en su libro *La rabia en el corazón*, publicado por Ediciones xo, 2002: "Sabes, Íngrid, Colombia nos ha dado mucho. Gracias a ella conociste Europa, fuiste a los mejores colegios y viviste en un lujo cultural que ningún niño colombiano conocerá jamás. Todas estas oportunidades de las cuales te beneficias hacen que hoy tengas una deuda con Colombia. No lo olvides".

aún hoy. De tal palo tal astilla. Lo respetaba porque había hecho de Íngrid la mujer que es, que yo amaba.

La muerte del patriarca marcó el fin de una época. Sentí que todo se estaba yendo a pique. Íngrid había desaparecido por un período indeterminado. Sus hijos crecerían sin ella. Mélanie, de 16 años, y Lorenzo, de 13 años, vinieron de Santo Domingo con su padre para asistir al funeral. También era su primera aparición pública en Colombia desde el secuestro de su madre. Una dura prueba para dos adolescentes. La prensa estaba al acecho de sus reacciones. Pero estaban bien entrenados. Incluso fueron al estudio de *Las voces del secuestro* para enviar su primer mensaje por radio a su madre. Nada era como antes. Finalmente, sólo quedaba nuestro apartamento, donde yo no había tocado nada, donde el tiempo se había detenido. Después del funeral, Lorenzo quería ir a casa. En un momento dado tuve que ausentarme para hacer una llamada. Lo descubrí después en el armario de su madre. Sólo me dijo: "Quiero sentir el olor de mamá".

Como dije, nunca quise hijos con Íngrid, pero adoraba a esos dos adolescentes. Vivieron con nosotros en 1996 y en 2000. Mélanie y Lorenzo eran parte de mi vida y los extrañaba cada vez que se iban a vivir con su padre. Los quise desinteresadamente. Un día les dije: "Todo lo que pido es que asistan a mi funeral y lleven mi ataúd". Esta frase me da un poco de escalofrío cuando pienso en ello. Creo que debo revisar mis deseos: digamos que sólo espero que piensen en mí a veces con ternura. Lo espero en verdad.

Mélanie se acuerda del día que celebró su cumpleaños en Morrocco, una discoteca de moda en Bogotá, de la cual todavía era dueño de una parte cuando conocí a Íngrid. Habíamos reservado toda la discoteca para la ocasión.

Le había encantado. Como siempre me había movido más o menos en el mundo de la música, también la había llevado a un concierto de Soda Estéreo, un grupo muy conocido en aquel momento en Colombia. La había llevado tras bastidores. ¡Estaba orgullosa! Como buena adolescente, Mélanie quería ir sola a discoteca. Una noche, la dejamos ir a Gotica, "la" discoteca de Bogotá, que todavía existe. Aun si era una niña muy razonable, yo no estaba tranquilo. Podría toparse con mala compañía y yo sabía que allí circulaba a veces droga. Melanie no sabía que la discoteca pertenecía a uno de mis amigos. Como buen papa protector (y astuto), le dije: "Mélanie, yo te dejo y te recojo en cuatro horas". Y me hice el que me iba. Me devolví por una puerta trasera, fui al segundo piso de la discoteca y la cuidé toda la noche desde las oficinas de mi amigo. No ocurrió nada raro, pero al menos estaba tranquilo. Cuatro horas más tarde, volví por ella, como si nada hubiera pasado. Con Lorenzo compartí muchas cosas alrededor de la música. Yo era representante de grupos de rock cuando conocí a Íngrid. De un grupo en particular, La Derecha, que tuvo su cuarto de hora de gloria en Colombia. Recuerdo haber llevado a Lorenzo a uno de sus conciertos. Incluso llegó a cantar una canción con los músicos. Tiempo después, cuando quiso aprender a tocar guitarra, pensé que tal vez yo lo había influenciado un poco.

En 2000, cuando los niños regresaron a casa durante un par de semestres, mientras que Fabrice se instalaba en República Dominicana, fueron inscritos en el prestigioso Liceo Francés de Bogotá. Les ayudaba en casa, como podía. Mélanie nunca tuvo muchos problemas en el colegio. Lorenzo se retrasó un poco dado el traslado y todos los cambios en su vida. Le ayudé mucho en matemáticas, en lo cual era aún muy bueno. En general, traté de estar pendiente de ellos. En esa época estaban también muy preocupados. Entendían muy bien lo que estaba sucediendo. Íngrid se estaba preparando para las elecciones presidenciales y los niños sabían los riesgos que podía correr. Y yo, estúpidamente, les prometía que nada le sucedería...

Si Mélanie y Lorenzo son unos niños muy especiales es gracias a Íngrid, pero también en gran parte gracias a Fabrice. La gente se sorprende cuando hablo de mi relación cordial con el ex marido de mi esposa. A menudo bromeaba diciendo que después de su primer divorcio, la familia Betancourt había quedado enamorada de Fabrice. Es un tipo increíble. Si bien estaba separado de Íngrid, en gran parte porque no quería vivir y criar a sus hijos en Colombia, no dudó en solicitar su traslado a Bogotá después del divorcio para estar cerca de ellos.[23]

Incluso fuimos juntos a esquiar a Estados Unidos, Fabrice, los niños y yo, mientras que Íngrid estaba en cautiverio. En diciembre de 2005, fuimos a la casa que habíamos comprado en Jackson Hole, en Wyoming. Es un recuerdo muy grato. Un descanso para los cuatro, lejos de la dura realidad colombiana. Pasamos las noches en cine o jugando cacho, que a los niños les encanta. Le enseñamos las reglas a Fabrice. A veces nos quedamos solos cuando los niños hacían sus tareas de vacaciones. No había ningún malestar entre nosotros. Nos hacía bien hablar de Íngrid. También intercambiamos opiniones sobre su familia. Ambos ha-

---

23   Íngrid Betancourt escribió en *La rabia en el corazón*: "Fabrice y yo no escapamos de los dolorosos y violentos conflictos que experimenta la mayoría de las parejas que se separan, pero hizo gala de una gran elegancia y un poco más de un año después de mí, se instaló en Bogotá, en beneficio de los niños, él, que tanto había peleado para escapar de esta ciudad, de este país...".

bíamos notado la gran diferencia entre ella, su madre y hermana. Pensábamos que Íngrid se parecía mucho más a su padre, mientras que Astrid tenía más del carácter de los Pulecio, del lado de Yolanda. Entre las dos hermanas, rara vez vi otra cosa que no fueran disputas. En cualquier caso, nunca conversaciones calmadas y tranquilas. Se veían poco y siempre terminaban discutiendo. Recuerdo una pelea memorable con Astrid. Durante uno de sus viajes, Astrid le había pedido a su padre que se instalara en su casa para cuidar a sus hijos durante su ausencia, pero lo había obligado a dormir en el sofá pese a que su cama estaba libre. Era ya muy viejo en la época, tenía 81 años. Cuando Íngrid se enteró, llamó a Astrid para insultarla. Creo que es una de las peores rabias que le vi a Íngrid. A menudo las cosas eran muy tensas entre las dos niñas...

Fabrice también me contó varios episodios muy parecidos. Él tampoco fue gran amigo de Astrid y de Yolanda.[24] Le conté una anécdota que le encantó: cuando pensaba que Mélanie se estaba portando mal, le decía a veces: "No seas tan Pulecio" o "deja de puleciar". Fabrice adoraba esta historia. Humor de yernos.

Durante los dos últimos años de cautiverio, dos "bandos" se formaron: el de Yolanda y Astrid, por un lado, y el de Fabrice, los niños y yo, por el otro, incluso los comités de apoyo en Francia se dividieron en dos. Todos teníamos el mismo objetivo, pero a veces desacuerdos sobre cómo llegar allí. En seis años, los niños tuvieron tiempo para crecer, para formar sus propias opiniones y expresarlas. Recuerdo una fuerte discusión en casa de Mélanie, en París, después

---

24 Yolanda retomó en los años ochenta su nombre de soltera, Pulecio, después de su divorcio de Gabriel Betancourt.

de tres años de detención. Fabrice quería trabajar con la asociación Rehenes del Mundo. Astrid y Yolanda se oponían tajantemente. Los niños y yo estábamos de acuerdo con Fabrice. De nuevo. Mélanie se lanzó contra el Estado francés que, según ella, no estaba haciendo lo suficiente. ¡Se había atrevido a enfrentar a Dominique de Villepin! Yolanda y Astrid estaban furiosas. Insistían en que siempre habláramos bien de Francia, por no hablar de Villepin, el ex profesor de Ciencias Políticas de Íngrid considerado un "amigo de la familia". Decían que el gobierno francés se molestaría y dejaría de ayudar a Íngrid. Por supuesto que no: Mélanie tenía cien veces razón. Fabrice la apoyaba. El gobierno francés no iba a predisponerse. De hecho, la movilización no se debilitó. Incluso al contrario. Y en la opinión pública, Melanie anotó puntos...

Yolanda, Yolanda, Yolanda... Mi futura ex suegra no deja definitivamente a nadie indiferente. Esta ex reina de belleza, elegante mujer de diplomático y ama de casa tranquila, envió al diablo su matrimonio en los años ochenta —como lo haría más tarde Íngrid— para dedicarse a la política en Colombia. En la época, esto era un verdadero irrespeto a las normas. La separación fue escandalosa, violenta. A los padres de Íngrid les tomó muchos años calmar su resentimiento. Mientras tanto, Yolanda se dedicó a los albergues, hogares para niños de la calle. No era la madre Teresa, pues recibía un sueldo por ello. Pero reconozco que quería ser útil. Fue concejal municipal, diputada, senadora y embajadora. Cuando Luis Carlos Galán, candidato del Partido Liberal a la presidencia, fue asesinado frente a sus ojos por los narcotraficantes en agosto de 1989, estaba "ebria de dolor, muy desesperada", según palabras de Íngrid.[25] Su hija corrió a su lado, y al de Colombia. Íngrid y Yolanda siempre han tenido una relación muy simbiótica, lo que no siempre fue fácil para mí. Mientras Íngrid estuvo ahí, nos soportábamos. Pero cuando fue secuestrada, nos enfrentamos rápidamente. Yolanda nunca me escuchaba. Se atrincheraba en sus certezas. No soportaba la menor crítica, incluso sobre cosas tan anodinas como su *look*, por ejemplo. Me parecía que mi suegra se hacía notar demasiado cuando salía en televisión. Con sus gafas oscuras de marca, sus aretes grandes y sus joyas, terminé por apodarla *Sophia Loren*... En realidad, desentonaba junto a las otras familias de los rehenes. Pero nunca quería oír nada. "¡No, yo soy como soy, no tienes por qué hacerme ningún comentario!", me decía con desaire. Parecía pertenecer a una familia muy rica, lo cual estaba lejos de ser el caso. De repente, tuve miedo de que Íngrid apareciera como una privilegiada. Ya de por sí mojábamos mucha prensa... No quería, además, que se considerara su secuestro como un revés del destino tras una existencia demasiado fácil...

No estábamos en la misma sintonía, hay que decirlo. Tomé distancia de Yolanda por el tema de la radio. Soy consciente de que Íngrid se mantuvo en gran parte gracias a los mensajes que su madre le leyó prácticamente durante todos los días de su cautiverio, a las cinco en punto, todos las mañanas. ¿Pero a qué precio? El de un atropello. Gracias a sus relaciones y a su fama, siempre logró estar al principio del programa. Estaba eximida de la larga espera impuesta a las otras familias, pues las emisoras la llamaban directamente a su casa. Era la única que no cumplía con el

---

25 Íngrid Betancourt, *op. cit.*

protocolo. No pongo absolutamente en duda la sinceridad de su gestión. Una madre está lista a hacer cualquier cosa para salvar a su hija. Desafortunadamente, no era la única en llorar a su hijo o hija, retenidos en la selva colombiana. Me daba vergüenza con las otras familias de rehenes que, lo sé, se resintieron con este privilegio. Para no empeorar las cosas, me negué a que me llamaran justo después de Yolanda. Prefería llamar menos, utilizando los mismos medios que los otros, teniendo que esperar dos horas para difundir mi mensaje.

Yolanda nunca me respetó realmente. No soportaba ninguno de mis puntos de vista ni ninguna de mis iniciativas. Me atrevo a decir que no debíamos contar con el presidente Uribe para liberar a Íngrid, y ella estigmatizaba mi pesimismo. Decidí repartir las fotos de Mélanie y Lorenzo sobre la selva para reconfortar a Íngrid. Incluso si los niños estaban de acuerdo, a ella le parecía una idea "completamente estúpida". ¿Tenía dudas sobre la operación de rescate lanzada por Villepin en 2004 (y los resultados los conocemos)? Ella me trataba francamente de cobarde... Finalmente, no estábamos de acuerdo en nada. Incluso sobre nuestro amor por Íngrid. Por mi mujer, dejé de trabajar, vendí mi apartamento, detuve mi vida (¡ni hablar de mi tatuaje!). Pero no, nunca fue suficiente. En 2005, incluso trató de convencer al resto de la familia que había engañado a Íngrid.

Vale la pena volver sobre esta anécdota. Si alguien quiere usarla para una mala telenovela... Me sucedió algo extraño un día, con una joven periodista. Debí dar cerca de ochocientas entrevistas durante el cautiverio de Íngrid. Y de premio, caí en una loca furiosa, una tal Carolina, quien no soportó un desplante. Quería escribir un artículo sobre

Íngrid para una revista en Miami. La recibí en mi casa en enero de 2005. Acababa de pasar vacaciones con mi amiga Alexandra Karam, en México. Me había enviado una foto de nosotros en una playa. Un cliché trillado de dos amigos, abrazados, que estúpidamente dejé abierta en la pantalla de mi computador. La periodista me pregunta quién es. Le cuento brevemente que Alexandra es una vieja amiga que tiene una casa increíble en una playa cerca de Puerto Vallarta, y que fue bueno para mí pasar la Navidad allí, para cambiar de panorama. Vayamos a lo serio. El resto de la entrevista sucede normalmente. Hablamos durante un buen rato de Íngrid, de las FARC, de la situación política del país. La periodista es amable y se va. Debí sorprenderme cuando me llamó dos días después para pedirme supuestamente algunas aclaraciones. Me propone que pase por su casa y, torpemente, voy. Había preparado una comida y encendido velas. Poco profesional todo. Rápidamente comprendí el embrollo. No me tenía que preguntar nada y cuando le dije que no estaba interesado, lo tomó muy mal. Era una mujer joven, de unos 26 años. Me gritó: "Nadie me ha rechazado, ya vas a ver". Para vengarse, me atribuyó unas declaraciones sobre Íngrid que nunca hice. Incluso afirmó tener una primicia: yo le habría presentado a mi nueva novia. Claro… Estaba furioso, pero como la revista era de baja circulación, nadie leyó el artículo (o no le creyeron). Nunca volví a oír hablar del asunto e incluso desistí de exigir una rectificación para no darle al artículo una importancia que no merecía.

¡Lo que no preví fue que, decepcionada de su fallido intento, Carolina le enviaría este artículo a Yolanda dos meses después! Quien se dio el pequeño placer de difundir la información al resto de la familia (y no sé a quién más).

Tenía que odiarme en verdad. Algunas semanas más tarde, durante un viaje a París, me di cuenta de que les había contado a Fabrice y a los niños. Les referí lo que había sucedido y me creyeron enseguida. Mélanie y Lorenzo habían tenido la oportunidad de conocer a Alexandra, mi amiga de México de ahí en adelante. No, a riesgo de decepcionar a mi suegra, no tenía nada que ocultar en verdad. No me enamoré de nadie durante el cautiverio de Íngrid. Si hubiera ocurrido, no creo que se lo hubiera escondido. Pero Yolanda, ella siempre quiso creerlo, estoy seguro. A veces me pregunto si no le llegó con esos rumores a Íngrid por radio. ¡Siempre me juzgó y me subestimó desde muchos puntos de vista!

Yolanda tiene su reputación. Una de mis clientes, de unos sesenta años, me dijo hace poco que les había dado una orden a sus dos hijas: "Les prohíbo que me quieran como Íngrid quiere a Yolanda. Es un amor obsesivo". ¿Lo suficiente como para destruir mi matrimonio? Mentiría si dijera que nunca me lo he preguntado...

Verano de 1996, en la Défense, París. La foto fue tomada por Mélanie.

Verano de 1996, en los
jardines de Versalles.
Fue mi primer viaje a
Francia con Íngrid.

Verano de 1997, Bondi Beach
en Sídney, Australia. En la
época en que tuvimos que dejar
a los niños con Fabrice Delloye
en Nueva Zelanda.

Verano de 1996, en
Versalles, con los niños.

Diciembre de 1998, en
el parque Yellow Stone,
durante un paseo en
moto sobre la nieve.

Enero de 1999, en
Grand Teton, Idaho,
Estados Unidos.

El 23 de noviembre de 2001 Íngrid me hizo una fiesta sorpresa en la sede de campaña. Fue mi último cumpleaños juntos.

En Nueva Zelanda, pocos días antes de casarnos por el rito polinesio en Moorea en enero de 1997.

Durante unas vacaciones en el límite entre los estados de Idaho y Wyoming, en enero de 2000.

El 17 de octubre de 1997 celebramos nuestro matrimonio civil en Bogotá. Íngrid lució el vestido de novia de su madre.

Noviembre de 2001 en Bogotá. Convención del Partido Verde Oxígeno, en la que se lanza la candidatura presidencial de Íngrid.

El 26 de noviembre de 2001, durante el lanzamiento de la campaña presidencial Íngrid, rodeada de *dummies* de los jefes militares y de la guerrilla, en una falsa reunión de negociación.

Junio de 2001, Sincelejo. Campaña presidencial en la plaza.

En mayo de 2002 durante la jornada de votación para las elecciones presidenciales. en la Plaza de Bolívar.

26 de mayo de 2002. Voto simbólico en las elecciones presidenciales, con Yolanda y los miembros de la campaña.

23 de febrero de 2004. Segundo aniversario del secuestro de Íngrid.

23 de junio de 2005. Con Mélanie en la manifestación en París, a la que asistieron numerosas personalidades francesas.

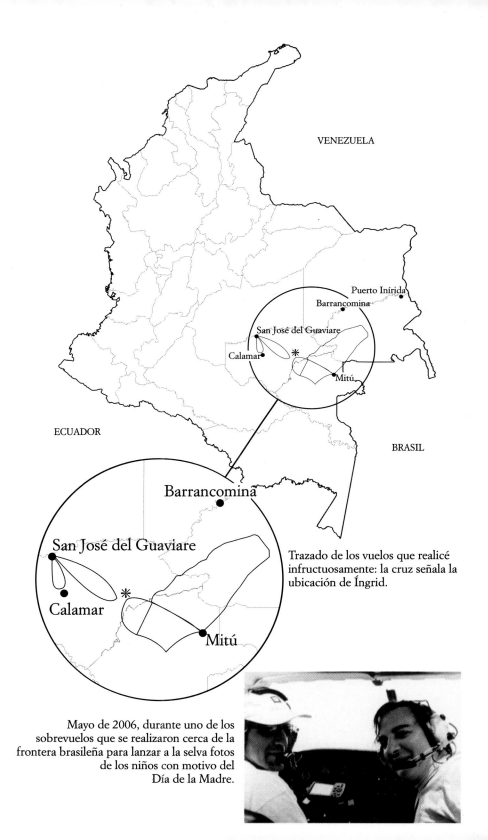

VENEZUELA

Puerto Inírida

Barrancomina

San José del Guaviare

Calamar

Mitú

ECUADOR

BRASIL

Barrancomina

San José del Guaviare

Calamar

Mitú

Trazado de los vuelos que realicé
infructuosamente: la cruz señala la
ubicación de Íngrid.

Mayo de 2006, durante uno de los
sobrevuelos que se realizaron cerca de la
frontera brasileña para lanzar a la selva fotos
de los niños con motivo del
Día de la Madre.

A Ingrid

En su tercer año de cautiverio,
Selvas Amazónicas colombianas.

Anhelas con furia el rayo de sol
Tu cuerpo acusa la fatiga de la soledad
Miras a tu alrededor y no sientes rencor
Te olvidastes de maldecir
Y solo sientes piedad.

El oscuro verde de la selva
Ya no te da tranquilidad
Y las luciérnagas fastidian tus noches de tedio
oyendo el concierto cacofónico de la chicharra.

Es entonces cuando aprietas tu rosario
Y cuenta a cuenta desgranas avemarias
Con tu sucio pulgar y le ruegas a tu virgen,
Le imploras a tu Dios por un poco de libertad
Y tal vez de paz.

Ya casi te duermes
Sin antes pensar: "mis niños donde estarán?
Mi madre aún rezará? mi esposo aún me querrá?

Al principio no temías tanto la soledad
Ahora solo piensas, en la oscuridad,
En los días perdidos
En los años imposibles de recuperar
Hasta piensas en la eternidad.
Será ésta la eternidad?

ORLANDO LECOMPTE
Cartagena de Indias- 2005.

Poema escrito por mi padre con motivo del tercer aniversario del secuestro de Íngrid.

IX
Un trabajo de tiempo completo

Cuando hice validar la candidatura de Íngrid a las elecciones presidenciales, fui al Consejo Nacional Electoral con un expediente completo. Y una foto de ella en tamaño natural. Uno de mis mejores hallazgos. Temía tanto que se olvidaran de su cara que terminé por crear una obra a su medida. Un *dummie*, a escala real, perfilado y pegado en una lámina de icopor. Llevaba a mi Íngrid conmigo a todas partes. Se había convertido en una presencia tranquilizadora. Me las arreglaba para que apareciera en el campo visual cada vez que daba una entrevista. Ella no me dejaba nunca. A veces era divertido. Recuerdo que en los viajes en avión las azafatas la instalaban con cuidado a mi lado[26] si el puesto estaba libre. Mi Íngrid siempre estaba cerca de mí. Me ocupaba de ella tiempo completo. Durante los primeros cinco años de cautiverio de Íngrid, renuncié al trabajo para usar mis modestos

---

26   La revista americana *Newsweek*, en su edición del 3 de junio de 2002, me atribuyó la frase de la semana: "Yo siempre la llevo conmigo, algunas veces me la dejan poner detrás del asiento, pero la mayoría de las veces las azafatas la ponen con los abrigos".

talentos por su causa. Promover la imagen de mi esposa, una y otra vez, como fuera.

Los tres primeros meses fueron estresantes. ¿Cómo hacer campaña para una ausente? No podíamos dejar marchitar su partido Verde Oxígeno ni sus ideas a sólo unas semanas de las elecciones. Recuerdo mi ira cuando el periódico más importante de Medellín publicó un número especial sobre la papeleta de votación con un retrato de cada candidato, excepto el de Íngrid. De inmediato llamé por teléfono al periódico. Les dije: "Íngrid es candidata a las elecciones. Las FARC la enterraron en algún lugar de la selva para silenciarla y ustedes les ayudan a cavar este agujero callándola. ¡Finalmente, ustedes colaboran con la guerrilla!". Me enfrenté realmente con los medios de comunicación. Cuando había debates televisados con los candidatos, nadie nos invitaba. Así que yo me colaba al set con mi *dummie* de Íngrid.

"¿Se acuerdan de mi esposa, cierto?".

Mi esposa de cartón.

Ser familiar de un rehén es un trabajo de tiempo completo en Colombia. Salvo que no es remunerado. Así que comencé a ahorrar. Por ejemplo, Íngrid había alquilado unas oficinas del tamaño de sus ambiciones: enorme, pero que ya no servían para nada sin ella. Estos locales vacíos, abandonados por la mayoría de sus activistas, le costaban al partido un alquiler alrededor de diez millones de pesos al mes. Demasiado caro. Debíamos utilizar el poco dinero que teníamos en otras operaciones para su liberación. Cuando fue secuestrada, traté de romper el contrato de arrendamiento que duraba ocho meses más, hasta octubre de 2002. Ese día pensé que se me había aparecido la virgen. Cuando descubrí que la agencia inmobiliaria era dirigida por un tal "señor Rojas", creí en mi buena estrella. ¿Sería posible? La coincidencia era demasiado bella... Le pregunté si era familiar de Clara. Por supuesto, era su hermano. Estaba seguro de que me iba a ayudar. Después de todo, nuestras iniciativas están también enfocadas a liberar a su hermana, también secuestrada en la selva con Íngrid. Pues no, él no quiso oír. "El contrato dura un año, hasta octubre, entonces debe pagar hasta octubre", me respondió secamente. No le importaban nuestros problemas de dinero. Y aparentemente, tampoco su hermana. Afortunadamente, llegamos hasta el dueño de la propiedad, quien mostró un poco más de humanidad. Yolanda lo conocía y aceptó sin problema liberarnos de ese contrato.

Al cabo de dieciocho meses terminé vendiendo mi apartamento. Lo había comprado antes de conocer a Íngrid y necesitaba dinero. Mi madre y muchos amigos me consideraron muy imprudente. Querían que me protegiera un poco más, en caso de... En retrospectiva, pienso que sin duda tenían razón. La historia no se reescribe, yo estaba dispuesto a todo con tal de que se hablara de Íngrid y de Clara, que no se olvidaran de ellas. Mi único salario, mi única satisfacción era que no nos olvidáramos de ellas. Cuando los medios de comunicación no mencionaban a los rehenes por más de dos semanas, me hundía en una desesperación sin precedentes. Para sentirme mejor, intentaba por todos los medios romper esa indiferencia y ese silencio: organizaba una marcha, una manifestación alrededor de la Catedral, en la Plaza de Bolívar, o cualquier otra cosa.

Durante nuestra lucha, medí nuestra "suerte" en nuestra desgracia. Íngrid era una personalidad mediática. Contaba con una estructura real de campaña para lograr

su liberación. Sin hablar de su doble nacionalidad franco-
colombiana[27] que le daba verdadero eco internacional a su
causa. Siempre he admirado el valor de todas esas familias
de los rehenes anónimos de los que nunca se habla. Me
los cruzaba a menudo sobre el terreno. Escribiendo este
libro, forzosamente soñé con Gustavo Moncayo. Colombia
permaneció por largo tiempo sorda ante su dolor. El resto
del mundo lo ignoró. Este modesto profesor no tuvo red
de apoyo. Luchó durante doce años con sus propias armas.

Su hijo Pablo Emilio fue secuestrado el 21 de diciembre
de 1997, cuando tenía sólo 18 años. No era una figura
política, simplemente era un joven soldado. Este cabo del
ejército colombiano fue capturado con más de diecisiete
soldados tras un ataque de las FARC a su base, situada cerca
de la frontera con Ecuador. El año pasado, Pablo "celebró"
sus 30 años, en cautiverio. Era el rehén más antiguo en
poder de la guerrilla colombiana cuando fue liberado el
pasado 30 de marzo.

Simpaticé con su padre durante nuestra movilización
por Íngrid. En 2007, agotado y sin ideas, Gustavo Moncayo inició una larga marcha a través del país hacia Bogotá.
Miles de kilómetros a pie, para no dejar a su hijo en el
olvido. Caminó sin detenerse. Cuando llegó a la capital,
5.000 personas le siguieron el paso para apoyarlo. El mismo año viajó a Francia por invitación de la Federación
Internacional de Comités Íngrid Betancourt. Me sentía
orgulloso de tenerlo a mi lado, aun si a veces era un poco
surrealista. Lo encontré en Marsella. El alcalde no sabía

---

27   Íngrid Betancourt obtuvo la nacionalidad francesa en los años
ochenta, después de su primer matrimonio con Fabrice Delloye, el padre de
sus dos hijos.

quién era y tuve que explicarle. Junto a él, me vi obligado a relativizar mi sufrimiento. Después, Íngrid fue puesta en libertad, pero pienso a menudo en él. Hoy en día, debe estar muy feliz con su hijo después de más de doce años. Dos veces más de lo que esperamos a Íngrid. Por fin para él su tormento acabó...

Había que luchar constantemente, en todos los frentes. Contra las FARC y contra el olvido. Cada año, el día del aniversario del secuestro de Íngrid, yo buscaba una idea nueva, con la esperanza de que fuera la última. El primer año organizamos una manifestación y soltamos globos en la plaza de Bolívar en Bogotá, estando de alcalde Antanas Mockus. El segundo año, en compañía del alcalde Lucho Garzón hicimos venir a Bogotá al alcalde de Roma, Walter Veltroni. Organizamos una reunión en la carrera Séptima y tuve la idea de dibujar unas estrellas sobre el cemento. Como en Hollywood Boulevard, cada estrella llevaba el nombre de un rehén. En el tercer aniversario, publiqué mi primer libro[28]. El cuarto año, fui a Francia a marchar por las calles de París...

Luchar contra las FARC, contra la ausencia, y contra el gobierno y la clase política también. El 26 de mayo de 2002, Íngrid obtuvo 56.000 votos en la elección presidencial. Menos del 1%, un resultado insignificante. Álvaro Uribe fue elegido presidente de la República con el 53% de los votos. Íngrid y su lucha podrían hundirse en el olvido. Hasta su partido desaparecería mediante un decreto increíble, ratificado en junio de 2003: un año después de su secuestro, el Congreso colombiano aprobó una ley que prohíbe la condición de partido a cualquier movimiento

---

28 Juan Carlos Lecompte, *op.cit.*

que represente menos del 2% de los elegidos al Congreso
y que no tuviera parlamentario elegido en ese momento.
Durante toda su vida política, Íngrid había luchado pre-
cisamente contra este tipo de maniobras. Los principales
partidos tradicionales no querían nuevos movimientos o
las voces de la disidencia en las sillas del Congreso. Ese
era el maravilloso país en el que yo vivía. En 1998, Íngrid
fue elegida senadora con el resultado más alto en el país.
Cinco años más tarde, su partido dejaría de existir estando
ella secuestrada. Un bonito gesto, de verdad.

Ese partido era nuestro bebé. Mantuvimos Oxígeno
Verde vivo durante dieciocho meses. Murió, a temprana
edad, a causa de la clase política colombiana. Si bien no
podíamos hacer mucho al respecto, podíamos sin embargo desaparecer con estilo. Me reuní con otros miembros
del partido Verde Oxígeno para pensar en una reacción
adecuada. Una larga campaña de protesta en el país habría
sido inútil: los colombianos tenían otras prioridades. Sin
embargo, debíamos dar un golpe. Un día dije en broma
que quería "echarles mierda". No era muy elegante, pero
mis amigos me llevaron la idea. Una idea tan colegial
como eficaz se gestó: esparcir estiércol en las gradas del
Congreso para señalarles a todos esos políticos nuestra
forma de pensar. Íngrid nos fue útil. Pensé en los dos potros de su yegua *Isis*, *Infiernito* y *Gerenui*, privados ellos
también de su ama en el campo. Fui a verlos temprano
a la mañana siguiente, el 26 de junio de 2004, y me traje
dos toneles de excrementos. Lo hicimos bien y llamamos
a todos los medios de comunicación, sin especificarles
la naturaleza escatológica de nuestra acción. Llegamos
discretamente a la Plaza de Bolívar y derramamos nuestra
bilis y nuestro estiércol frente al Congreso. Evidentemente

fuimos detenidos. Pasé una noche detenido, pero no me arrepiento de nada. Queríamos "joderlos" y lo logramos.

A pesar de todo, hay ciertas satisfacciones a la hora de luchar por una buena causa. Al luchar por Íngrid, participé en algunas lindas batallas por el grupo de todos los rehenes. Con la ayuda del alcalde de Bogotá, Lucho Garzón, el concejal Fernando Rojas, y Marleny Orjuela, presidenta de una asociación de soldados y policías secuestrados, logramos obtener una exención de impuestos locales para las familias de los rehenes residentes en la capital. Una primicia que lamentablemente no pudimos extender a nivel nacional. El gobierno nacional les exigía incluso a las familias de los secuestrados el pago del "impuesto de guerra"... que debía garantizar la seguridad de sus ciudadanos frente a las FARC. El colmo.

No, no podemos decir que Álvaro Uribe nos haya facilitado la tarea. Su política ultraconservadora no conducía a nada. No quería considerar ninguna concesión, incluso ni siquiera un acuerdo humanitario. Estábamos convencidos de que debía haber alguna forma de lograr un compromiso para salvar a Íngrid. Después de todo, el presidente Andrés Pastrana lo aceptó en el año 2001: en esa época se realizó un intercambio de catorce guerrilleros a cambio de doscientos cincuenta soldados secuestrados. ¿Por qué no a Íngrid y algunos otros, contra un gesto? Pero estábamos luchando contra molinos de viento. La mayoría de los colombianos se negó a doblegarse ante las FARC. Incluso Íngrid se había opuesto a este tipo de intercambio en una de sus "pruebas de vida". Su familia no la escuchó. Nuestra prioridad era encontrarla sana y salva. Estábamos lejos de ganar la guerra contra las FARC, suponiendo que así fuera algún día. Para mí, como para muchas familias, el acuerdo humanitario era la única manera civilizada, pacífica y segura de recuperar a nuestros rehenes. Estábamos aterrados de que una eventual operación militar firmara su sentencia de muerte.

El presidente y su entorno no me querían mucho. Tras su elección en mayo de 2002, Álvaro Uribe había visitado personalmente a la madre de Íngrid para prometerle su "indefectible" apoyo. Estaría en "primera línea" para lograr su liberación, decía... ¡A otro con ese cuento! Recuerdo haber tenido una discusión con Yolanda al respecto. Ella estaba eufórica como estaría, supongo, cualquier madre. Pero yo era mucho, mucho más reservado. Estaba convencido de que no levantaría un dedo por nosotros. Y los primeros años, lamentablemente, me dieron la razón.

Nunca perdí oportunidad para fustigar la política ultraconservadora y estéril de Uribe. Además, Mélanie se puso a trabajar también en Francia, con gran habilidad y convicción. Así, la primera visita a Europa del presidente colombiano, en febrero de 2004, salió muy mal. Mélanie declaró que no se podía "jugar a la ruleta rusa con los rehenes". En protesta contra las políticas de Uribe, la mayoría de los diputados boicotearon su discurso ante el Parlamento Europeo. El desaire fue terrible.

Ese año, en 2004, comencé recibir mis primeras amenazas de muerte. Mi lucha por la liberación de Íngrid me valió un inesperado número de enemigos. Entre la población, muchos colombianos no aceptaban mi cuestionamiento al gobierno. El día antes del segundo aniversario del secuestro de Íngrid, me hicieron una llamada anónima a mi celular. Fue muy claro: "Si sigue hablando mal de Uribe en el extranjero lo vamos a matar. Si no cierra la jeta, se la cerramos nosotros". Que así sea. Ese mismo día muy tarde también recibí una llamada, pero a mi casa, cuando me estaba acostando. No pude pegar el ojo en toda la noche. También recibía mensajes de correo electrónico de la misma calaña. Me fui a pasar dos meses a Estados Unidos para obligarme a olvidar un poco.

Íngrid ya había sido víctima de un intento de intimidación, pero yo, nunca. Durante años he vivido a la sombra de mi esposa y eso me parecía muy bien. Ahora, oficialmente, me había convertido en una figura pública, determinante e incontrolable.

Un hombre peligroso, con su esposa de cartón como única armadura.

X
Paseos por el campo

Mientras que el deslizador, nuestra lancha rápida, se metía en la selva por los meandros del río Amazonas, me preguntaba lo que me esperaba. Salí de Bogotá unos días antes, con grandes dudas acerca de esta expedición. El sacerdote que se suponía me guiaría en esta aventura, me rogaba que mantuviera la fe. Por supuesto, a Dios yo ya había renunciado hace mucho tiempo. Ahora, solamente Íngrid era mi pastor. Si quería reencontrarla rápidamente, tenía que creer.

Pocos días antes, a comienzos de julio de 2003, el presidente Álvaro Uribe le había informado a Yolanda sobre un rumor de gran importancia: un informante había advertido al gobierno colombiano sobre la inminente liberación de Íngrid. Ella se habría enfermado gravemente y las FARC tenían miedo de que muriera en cautiverio. En consecuencia, la guerrilla quería entregarla discreta y rápidamente a un miembro de la familia. Yolanda de inmediato le avisó a Astrid, la hermana de Íngrid. Quien a su vez previno a su amigo Daniel Parfait, embajador de Francia en Colombia. Quien previno al ministro de Relaciones Exteriores, Dominique de Villepin. Quien dio luz verde a la famosa "Operación 14 de julio". Dominique de Villepin, quien fue el profesor de Íngrid en la Facultad de Ciencias Políticas en París, le tenía un gran afecto y estaba dispuesto a hacer cualquier gestión. Una buena gestión.

Todo el mundo sabe cómo terminaría esta aventura. ¿Y la culpa? Probablemente nunca lo sabremos con certeza. Justamente he aquí cómo yo lo viví.

Sin hacerse rogar, Astrid se trasladó hasta Leticia, capital de la Amazonia colombiana. Como yo, ella se reunió con el padre Gonzalo Arango, el sacerdote designado como interlocutor ante las FARC. Él mismo ignoraba lo que iba a suceder. Sólo sabía que tenía que acompañar a Astrid hasta San Antonio de Ica, un pequeño pueblo de pescadores en el otro lado de la frontera colombiana, en plena selva brasileña, donde el río Putumayo desemboca en el Amazonas. Navegaron río abajo durante ocho horas y se hospedaron en la única pensión de la aldea. Y esperaron, de acuerdo con las instrucciones del supuesto informante. Al cabo de diez días, aún no habían hecho contacto.

A mí también me informaron de esta expedición, mientras que Astrid ya estaba en Leticia. Yolanda me llamó y me pidió que la reemplazara. Astrid tenía que hacer un viaje importante de negocios, y Yolanda quería que yo hiciera el relevo. Me citó en la Embajada de Francia, en donde Daniel Parfait me explicó todos los detalles de la expedición. No podía creer lo que estaba escuchando. Un Hércules C-130 de la Fuerza Aérea Francesa había despegado el 8 de julio de 2003, de la base aérea de Evreux con personal y equipo médico. La aeronave había aterrizado el día siguiente en Manaos, en Amazonia brasileña, para recuperar a Íngrid. Estaba muy agradecido con el gobierno francés por desplegar tantos medios para liberar a mi esposa. En verdad. Sólo que toda esa historia del informante y el lugar de reunión en la selva me parecía demasiado fantástica para ser verdad. "No creo ese cuento", le dije a Yolanda. Tuve derecho a una pequeña lección de moral. "Quiero que dejes de verlo todo negro y hagas un esfuerzo por ser positivo", me contestó mi suegra. "O tal vez es que eres un cobarde...". Una vez más, no nos entendimos. Estaba dispuesto a pasar seis meses en la selva si era necesario. Es que, lo confieso, no me lo creía. Un informante de las FARC en la propia oficina del presidente Uribe era demasiado fantasioso para ser verdad. Luego de la operación preguntamos a Palacio por el paradero del informante y nunca nos dieron respuesta. Mis dudas no me impidieron ir. ¡Nunca me habría perdonado por no ensayar... ni Yolanda tampoco!

Así que fue mi turno de partir hacia Leticia, donde me encontré con Astrid y el padre Arango. A pesar de su gran discreción, la mitad de la aldea parecía estar al tanto de nuestro asunto. Me crucé con un funcionario brasileño, Marco Sposito, quien rápidamente me puso al tanto de todo: las autoridades diplomáticas brasileñas lo sabían todo, desde que habían interceptado una nota de Pierre-Henri Guignard, director adjunto del gabinete de Villepin, quien se encontraba a bordo del C-130. Al parecer, había alquilado un pequeño avión de turismo con tres agentes de seguridad franceses, para aventurarse en la selva hasta São Paulo Olivenza. Allí había dejado con el sacerdote una nota para Astrid, donde le ponía una cita. No sé bien cómo, pero la nota llegó hasta las altas esferas y dio como resultado ese lindo relajo diplomático que ya sabemos.

Sin embargo, debo reconocer que Marco Sposito fue encantador con nosotros y muy sensible a nuestra situación. Puso a nuestra disposición una lancha rápida y un hidroavión para llevarnos al padre Arango y a mí hasta San Antonio de Ica. En caso de que... "ella no está ahí y estén cansados de esperar, me informan y yo voy a recogerlos", nos dijo mientras se iba. ¡A pesar de mis reservas iniciales y frente a tantos esfuerzos desplegados, tuve que confesarle al padre Arango que realmente quería creer! Nos instalamos en la misma y única pensión del pueblo y esperamos. De nuevo, una y otra vez. Cada vez que la forma de un barco se perfilaba en el horizonte del río, dábamos un salto. Incluso cuando venía en la otra dirección. De todos modos nada tenía mucho sentido...

Contabilizamos fácilmente en total un centenar de botes. En vano. Rápidamente comprendimos: el 18 de julio, nos enteramos por casualidad, mirando la televisión, que el famoso C-130 instalado en Manaos se convirtió en noticia. Las autoridades brasileñas estaban molestas pues nadie las había prevenido y el aparato tuvo que despegar hacia la Guayana Francesa. El tema fue noticia principal en los periódicos. Incluso se publicó una foto de Íngrid. Alguien había hecho la relación. En otras palabras, nuestro proyecto de "rescate" había quedado al descubierto, completamente destapado. No olía nada bien...

Me quedé dos días más, hasta el 20 de julio, día de la fiesta nacional colombiana. Por si acaso... Pero no. Nunca supe realmente lo que había sucedido. Yo estaba muy agradecido con Francia. Dominique de Villepin había puesto el poder del Estado francés al servicio de una causa humanitaria. Su generosa y espontánea gestión me dejó profundamente conmovido. Pero me parecía que toda esa expedición estaba marcada por una gran ingenuidad. ¿Acaso a los franceses les faltó discreción? ¿Acaso la guerrilla cambió de idea? El 30 de julio, las FARC enviaron un comunicado desmintiendo haber querido liberar a Íngrid en algún momento. Sin duda nadie nunca sabrá la letra menuda de esta historia...

Gracias a Íngrid conocí el país...

Ya no cuento las horas dedicadas a consultar los mapas. Muchas veces me pregunté qué ruta pudo tomar después de haber sido secuestrada en San Vicente. ¿Había tomado el río Yari o el río Caguán para llegar a la selva? Durante mucho tiempo esperé que la hubieran mantenido en la Sierra de Chiribiquete, una pequeña cadena de montañas, pues el clima allí es más saludable que el de la selva. Me aferraba a cada indicio que podía recoger de los pocos ex rehenes que conocí que se habían cruzado con Íngrid.

Hubiera dado cualquier cosa por intercambiar mi lugar por ella. En agosto de 2002, fui a visitar a un alto mando de las FARC en la cárcel La Picota en Bogotá, para que me ayudara a organizar una expedición con el fin de ver a Íngrid y para proponer un intercambio con mi esposa. La idea no sedujo a nadie, como lo expliqué antes, pues yo no valía nada comparado con la importancia de Íngrid. Pero tuvieron que pasarse la voz en la cárcel, porque algunos meses más tarde, otro guerrillero me contactó, por intermedio de su abogado. Lleno de esperanza, fui a la cárcel de Cómbita, en el departamento de Boyacá. Afirmaba que uno de sus amigos era el jefe del grupo que retenía a Íngrid. Quería desertar y me proponía ayuda para liberarla, con la condición de que le consiguiera un helicóptero. Sólo eso. Obviamente, había visto demasiadas películas en la televisión de su celda.

En seis años, había oído de todo, aun los rumores más insólitos. Al comienzo del cautiverio de Íngrid, un testigo afirmó haberla visto en el hospital de Planadas, en el sur del Tolima. Los periódicos locales publicaron incluso artículos explicando, como un hecho, que había sido entregada a unos médicos, en muy mal estado, quizás después de una huelga de hambre. Era posible. Así que fui hasta allá. Pero el gobernador y el alcalde me recibieron para desmentir tales rumores. Durante el primer año fue terrible, Íngrid aparecía casi en cualquier parte del país. A veces iba a ver. Siempre me decepcionaba. Estaba tan desamparado que en algún momento incluso escuché los desvaríos de una vidente. Me había llamado directamente para decirme que había soñado con Íngrid. Me aseguraba haber estado en contacto con otros rehenes y se ofreció a ayudarme. Fui por curiosidad. Afirmaba ver a través de los ojos de los rehenes. Me dijo que Íngrid estaba en un sendero de montaña, cerca de una escuela abandonada, con hombres que llevaban costales con carne. En retrospectiva, es gracioso cuando lo pienso, porque también me habló de una mujer embarazada que velaba por Íngrid. Podría haber sido Clara Rojas, ya que ella tuvo un hijo en cautiverio, cuando todavía estaba secuestrada con Íngrid. Pero la vidente me habló de una guerrillera embarazada. Sin duda otra coincidencia. Así como aquella vez en que agitó un péndulo sobre un atlas. Veía a Íngrid en las montañas de Chiribiquete. Sin embargo, no era mucho lo que había avanzado. Creo que estaba feliz, sencillamente de poder pensar en mi mujer. Pero después de algunas sesiones, dejé de consultar a la vidente.

Mi país es grande. Por lo tanto, daba vueltas en círculos. La evidencia era dolorosa, pero muy real para la familia: fuimos poco a poco abandonados por todos, desde la clase política hasta los mismos colombianos, que no podíamos sensibilizar indefinidamente frente a nuestra causa. En este contexto, tocó decidirse a buscar la liberación de Íngrid más allá de las fronteras de Colombia. Los Verdes de todo el mundo no habían olvidado a Íngrid. El eurodiputado francés de los Verdes Alain Lipietz se dedicó en especial a nuestra causa. Durante su primera visita a Colombia, quería ir conmigo a San Vicente, hasta el lugar donde Íngrid había sido secuestrada. Volvió de nuevo con una propuesta de un pacto humanitario: Francia se comprometía a acoger guerrilleros liberados de las cárceles colombianas a cambio de la liberación de algunos rehenes. Ni las FARC ni el gobierno colombiano respondieron.

Dado a su primer matrimonio con Fabrice, Íngrid era también, oficialmente, ciudadana y rehén francesa. Lloré de alegría cuando Nicolas Sarkozy fue elegido presidente en mayo de 2007 y habló de Íngrid en su primer discurso en la noche de su victoria. ¡En Colombia, ni siquiera Álvaro Uribe hizo tanto ni en 2002 ni en 2006, cuando fue reelegido! Desde el primer día —"Operación 14 de julio" lo demostraría— pudimos contar con la solidaridad de Francia hacia Íngrid. Rápidamente me di cuenta de la diferencia: en Colombia, cada secuestrado se pierde en el montón y en la indiferencia. Con cerca de dos mil secuestrados en el activo de mi hermoso país, me temo que esto sea inevitable. En Europa, afortunadamente, ser secuestrado es menos trivial. Cada uno de los rehenes se convierte en un asunto de Estado, una verdadera causa nacional. Me di cuenta durante un viaje a París a principios de 2005, poco después del secuestro de Florence Aubenas. Yo había ido para asistir a una marcha[29] por un

---

29   Florence Aubenas, periodista del diario *Libération*, fue secuestrada en Irak, el 5 de enero de 2005, con su guía iraquí Hussein Hanun, durante un

nuevo aniversario del secuestro de Íngrid. Los políticos
y la población al unísono reclamaban la liberación de la
periodista, secuestrada, como Íngrid, cuando hacía su trabajo. Estaba omnipresente en los medios de comunicación.
Esta inmensa solidaridad y la movilización me dieron una
gran esperanza. En Europa, los periodistas eran corteses,
humanos, comprensivos. En Colombia, algunos medios de
comunicación no tienen ninguna compasión: la mayoría,
cansados de oír hablar de Íngrid, no dudaba en interpe-
larnos con mucha agresividad. La idea de que Íngrid se
hubiera "metido en la boca del lobo", el día de su secuestro,
se había posicionado. Fue por esto también que no dejamos
que los niños regresaran de nuevo a Colombia: más allá de
las cuestiones obvias de seguridad, ciertamente hubieran
sido malinterpretados por los medios de comunicación y
no necesitaban eso. El entusiasmo y el talento de Mélanie
sensibilizaban a más personas en Francia.

Desde entonces, me dediqué mucho a los comités de
apoyo en Europa con Mélanie, Lorenzo y Fabrice. Eso
me daba un cambio frente a la indiferencia en Colombia.
Algunos comités se habían formado espontáneamente
en muchas ciudades francesas y belgas, con personas de
todas las clases, todas las edades, todas las convicciones y
creencias. Íngrid fue elegida ciudadana de honor en muchas ciudades, empezando por París. No podré agradecer
jamás lo suficiente a Bertrand Delanoë por tener su retrato
colgado en la fachada de la alcaldía de París y haber erigido
a Íngrid como símbolo. Durante seis años, multiplicó las
iniciativas para que no fuera olvidada. El alcalde de Roma,

_____

reportaje en Bagdad. Ambos fueron liberados el 11 de junio de 2005, después
de una gran movilización del gobierno y de los franceses.

Walter Veltroni, también me invitó a Italia para conceder un premio a Íngrid. Allí también se convirtió en ciudadana honoraria.

En 2006, conocí a Renaud. ¡Uno de los artistas franceses más populares se había comprometido por Íngrid! Incluso había dedicado una canción titulada *En la selva*. Todavía recuerdo el estribillo: "*Te esperamos, Íngrid / Y pensamos en ti / Y no seremos libres / Sino cuando tú lo seas*". No lo hizo por publicidad, puedo asegurárselo. Me lo crucé por primera vez en 2006, pero en realidad lo conocí después de un concierto de apoyo en Bercy, en marzo de 2007. Me reuní con él en el camerino y me invitó a su casa la semana siguiente. Un encuentro increíble en verdad. Gratificante, tranquilizador, en familia. Me encontré con él en su hermosa casa en el distrito xiv de París. Me mostró su estudio de ensayo, conocí a Malone, su pequeño hijo, y también hablé largo y tendido con su esposa, Romane. Son dos lindas personas. Ambos me subieron la moral. Recuerdo que Renaud estaba muy al tanto de mis acciones en Colombia. Sabía, por ejemplo, que había alquilado un pequeño avión para hacer varios vuelos sobre la selva para repartir fotos de los hijos de Íngrid. Esta iniciativa le parecía en verdad formidable. Me preguntó cuándo volvería a hacerlo, le respondí (sin meditarlo mucho) que estaba completamente en bancarrota. Sin pensarlo, me preguntó cuánto me costaban estos vuelos. Realmente era muy caro... Me hizo una promesa que cumplió. Pocas semanas después, recibí una gran transferencia de dinero. Gracias a él reinicié los vuelos. Yo estaba de nuevo muy animado.

Sobrevolé la selva varias veces, en 2006, 2007 y 2008, para repartir las fotos de Mélanie y Lorenzo sobre la vasta prisión de Íngrid. Diez veces en total. Nunca entendí por qué a Yolanda no le gustaba mucho esta iniciativa. Mélanie y Lorenzo estaban de acuerdo. Y yo en verdad lo necesitaba. Era una manera de acercarme a ella geográficamente y de emprender una acción que, concretamente, podía ayudarla a aguantar. ¡No había visto a sus hijos desde hacia tanto tiempo y físicamente habían cambiado tanto! En total debí repartir 100.000 fotos sobre la selva. Como tantas botellas "al mar". En mis sueños más locos, me imaginaba que ella hallaría milagrosamente una en el suelo, durante una de sus largas caminatas cotidianas o que alguien la recogería y terminaría por dársela. Lanzaba mis fotos un poco al azar, en zonas definidas con antelación. Desde arriba, no se ve mucho a causa de la densidad de la vegetación. El piloto a menudo me decía: "La única precaución que hay que tener es no sobrevolar nunca dos veces la misma zona. Si no, la guerrilla nos ametrallaría". Nunca nadie nos disparó. Sólo la policía me molestó y me llamó en dos ocasiones: querían saber si tenía información sobre la ubicación de Íngrid.

Sin la presión internacional, me temo que Íngrid hubiese sido completamente olvidada. Estaría tal vez aún en la selva, sin el apoyo del presidente venezolano, Hugo Chávez. Siempre tuve el presentimiento de que ese hombre podía hacer mover las cosas. Me lo había encontrado la primera vez poco después del secuestro de Íngrid. Fue en Santa Marta, Colombia, el 13 de noviembre de 2002. Pensé que nuestro encuentro sería breve, pero a pesar de la fatiga, Hugo Chávez me dio 40 minutos de su tiempo. Sentí que nosotros, los colombianos de la costa caribe, finalmente estábamos más cerca de los venezolanos que de los colombianos de los Andes, como los de Bogotá o Medellín. Nuestro acento también es muy similar. Como sea, el contacto con el presidente venezolano se dio muy bien. Me prometió hacer avanzar el caso, me dijo que había estado en prisión después de su tentativa de golpe de Estado, y me dio el nombre de uno de sus subalternos en Caracas. Poco después, desafortunadamente, Hugo Chávez tuvo que hacerle frente a una gran crisis en Venezuela y la liberación de Íngrid pasó a un segundo plano. El golpe de Estado de abril de 2003 no mejoró las cosas y comprendí que no tendría el tiempo de ocuparse de nosotros inmediatamente. Varios años han pasado. El caso se volvió nuevamente una prioridad durante el verano de 2006, cuando la senadora colombiana Piedad Córdoba retomó el caso en sus manos. Cuando la prensa me preguntó sobre la intervención de Hugo Chávez, respondí que la guerrilla no le obedecería, pero al menos lo escucharía. Al fin se iba a ocupar de nosotros.

Me lo encontré entonces en París en noviembre de 2007, después de que propuso oficialmente su mediación. Hugo Chávez nos explicó cuán difícil era para él intervenir a causa de la reticencia del gobierno colombiano a su colaboración. Pero iba a ensayar. Cada vez que me encontré con el presidente venezolano, me pareció sincero y lleno de buenas intenciones, franco, fraternal, abierto. Hugo Chávez podría tener éxito al negociar con las FARC gracias a su estatus de líder de la izquierda en América Latina. Quería proponer un intercambio humanitario: Colombia liberaría a 500 guerrilleros de las FARC presos en las cárceles contra 45 secuestrados políticos, entre ellos Íngrid. Tres meses más tarde había hecho liberar a seis. De esta forma, Clara Rojas, directora de campaña de Íngrid, y la ex senadora Consuelo González fueron liberadas el 10 de enero de 2008. Gracias a la intervención del presidente venezolano otros cuatro ex parlamentarios, Luis Eladio Pérez, Jorge

Géchem Turbay, Gloria Polanco y Orlando Beltrán Cuéllar, recobraron la libertad el 28 de febrero de 2008.

Pero Íngrid no, no todavía. Sin embargo, era por fin un primer paso. Y también estaba feliz de tener más noticias de Íngrid. Clara había sido secuestrada con ella y aparecía a su lado en las dos primeras pruebas de vida. También supe que el senador Luis Eladio Pérez había estado tres años en el mismo campamento de secuestrados.

Tenía que hablarles.

XI

"Sabes, Íngrid todavía te ama..."

Uno se agarra de tan pocas cosas, cuatro mensajes en seis años...

Durante el primer año, en las primeras dos pruebas de vida, me decía: "Te quiero, Juanqui, cuídate mucho". Durante el año siguiente, en agosto de 2003, me repitió: "Te amo, y el amor es como el agua que tarde o temprano encuentra su camino". Y en octubre 2007, en su última prueba de vida, su carta desgarradora, le escribió a su madre estas palabras sobre mí: "Sé que esta separación es cruel y difícil, comprendo todo y lo amo como el día en que contamos las estrellas fugaces tendidos sobre la playa en Moorea. Dile que esté en paz consigo mismo y conmigo. Que si la vida nos lo permite, saldremos de esta prueba aún más fortalecidos que antes". Me sucedió, cuando estaba solo en la casa, sumergirme de nuevo en esas declaraciones que también eran pruebas de amor. Había grabado los videos enviados por las FARC. Necesitaba ver a Íngrid, oírla. La llevaba en la piel. Y como prueba, un doloroso tatuaje.

Cuando Clara fue liberada el 10 de enero de 2008, coincidencialmente yo estaba en Caracol Radio y pude hablar con ella. Durante largo tiempo contó sobre sus seis años de secuestro. Habló mucho de su embarazo, sin revelar cómo se había embarazado ni quién era el padre. Su hijo, Emmanuel, nació en cautiverio el 16 de abril de 2004. Clara dio a luz en medio de un campamento en plena selva, en condiciones extremas. Los guerrilleros le realizaron una cesárea sencilla, de la cual se repuso después de 40 días. Las FARC le dejaron a su hijo durante ocho meses, antes de quitárselo y de entregarlo en un orfelinato. No lo volvió a ver sino tres años más tarde, de regreso a Bogotá, luego de su liberación. En la radio contó vagamente cómo Íngrid le cantaba canciones en francés a su bebé cuando nació. Me moría de ganas de saber más. Estaba ávido de cualquier detalle. Pude intercambiar algunas palabras directamente con Clara, pero lo poco que me dijo me frustró terriblemente. Se contentó con decirme que habían sido separadas en 2005 después de tres años de cautiverio y desde ese momento no había tenido noticias de ella.

Al otro día de su liberación traté de contactarla decenas de veces por teléfono para que me contara más. "Por favor, Clara, necesito saber más…". Ya no cuento los mensajes que le dejé ni las veces que la llamé. Después de un mes, tiré la toalla. Leyendo sus primeras entrevistas, comprendí un poco más lo sucedido. Evidentemente estaba muy enojada con Íngrid. No sé qué pasó en la selva entre ellas, pero Clara estaba muy molesta. Aparentemente está enojada con Íngrid por haber hecho fracasar una de sus tentativas de escape. Como resultado terminaron encadenadas a un árbol después de haber sido recapturadas por las FARC, lo que no facilitó sus relaciones. Y estaba además la historia del bebé. Como se murmura en Colombia puede ser que efectivamente Clara tuvo un hijo con un guerrillero e Íngrid la juzgó mal. No sé nada. No me puedo pronunciar sobre esto. En esencia, Clara decía que Íngrid no se comportó como la "hermana" que ella necesitaba. Se me hace un poco difícil imaginar esta complicidad aun en la selva. Traté a Clara durante muchos años. En efecto, siempre fue muy leal a Íngrid. En 1996 ayudó bastante a armar el caso sobre la presunta corrupción del presidente Ernesto Samper. En 2002 hizo parte de los pocos que no abando-naron el partido y vemos a dónde la llevó esto... Siempre conocí a Clara de esta manera. No sé ni siquiera si alguna vez soñó con formar una familia. Su trabajo era su vida. Ella mostraba una admiración casi exclusiva por Íngrid. Era una muchacha muy austera a la que nunca le conocí ningún novio. Se consagraba exclusivamente a su trabajo y a nuestra campaña. Pero francamente, dudo que Íngrid la haya considerado otra cosa más que una colaboradora cercana y eficaz. No era una amiga. Íngrid ni siquiera la invitó a nuestro matrimonio en Bogotá.

Un año después de la liberación de Íngrid, el 17 de julio de 2009, me crucé de nuevo a Clara en Bogotá, en la emba-jada de Francia durante un coctel de despedida del primer consejero Alain Fort, que también me había dado mucho apoyo. Clara fue extremadamente fría, ni una palabra sobre Íngrid. Ni una palabra sobre todas las manifestaciones que también habíamos organizado para ella. Nada. Ni siquiera un saludo.

Afortunadamente otros secuestrados fueron mucho más locuaces. En junio de 2007, me encontré con John Frank Pinchao, un ex secuestrado que había estado al lado de Íngrid y que la apreciaba enormemente. Pasó nueve años en cautiverio. Este joven policía había sido secuestrado el 1.º de noviembre de 1998 en la comisaría de Mitú, en la frontera brasileña, después de un violento ataque de las FARC. No salió de la selva sino en mayo de 2007, después de una extraordinaria fuga. Se dejó llevar por un río durante horas sin saber nadar. Los guerrilleros debieron pensar que se ahogaría, pero no. Caminó durante 17 días, sin descanso, casi sin comer, con los guerrilleros a sus espaldas. Finalmente se cruzó con algunos campesinos, en el pueblo amazónico de Pacoa.

Cuando estaba en el hospital, Pinchao contó que había estado secuestrado junto a Íngrid durante más o menos dos años. Inmediatamente traté de contactarlo. Vino a la casa tres semanas después y me confirmó que había tratado mucho a Íngrid y que se entendían muy bien. Incluso ella le había dado unos cursos de francés. Desafortunadamente también me confirmó que Íngrid era sometida a un trato particularmente severo en la selva. Había intentado escaparse en cinco ocasiones y sus vigilantes la castigaban encadenándola. Yo estaba totalmente aniquilado. Después de su visita, recuerdo haber enviado numerosos mensajes por la radio suplicándole que fuera menos rebelde, que se cuidara. ¡No sé si le gustó! Sólo quería que ella supiera que deseaba volver a verla viva y que nunca había dejado de pensar en ella. Si le creía al ex secuestrado, esto era recíproco: me contó que mi mujer había recortado de una revista una foto mía de la cual nunca se separaba. Salvo a veces, para colgarla en algún lugar cuando llegaban a un nuevo campamento. Ese día Pinchao me devolvió la esperanza y el valor. Sin contar con que seguramente facilitó su liberación un año más tarde: algunas de las informaciones que reveló sirvieron sin duda para montar la Operación Jaque en julio de 2008.

Pero fue con Luis Eladio Pérez con quien tuve más tiempo para hablar. Fuimos juntos al segundo congreso mundial de los partidos Verdes, en São Paulo, en mayo de 2008. Tomamos el mismo avión y nos sentamos juntos. Bogotá-São Pablo es un vuelo largo: ¡más de seis horas para contarnos nuestras vidas! Luis Eladio había sido secuestrado por la guerrilla el 10 de junio de 2001 cuando era senador. Fue liberado el 28 de febrero de 2008 junto con otros tres rehenes, en un gesto unilateral de las FARC, gracias a la mediación de Hugo Chávez. De los siete años de cautiverio, había pasado tres con Íngrid. Tenía muchas cosas que contarme.

Inmediatamente me confirmó los sentimientos de Íngrid hacia mí. Repitió varias veces las mismas frases: "Sabes, Íngrid todavía te ama…". Tenía tantas ganas y necesidad de creerlo. Cuando le pregunté si debía esperarla, me dijo sin vacilar: "¡Claro, espérala, te ama con locura, ella no te ha olvidado!", ¡Si ella supiera que yo tampoco la había dejado de amar! Si la había esperado hasta ese momento, todavía podía esperar un poco más para recuperarla. Luis Eladio sólo me aconsejó que le enviara más mensajes a través de *Las voces del secuestro*. Al parecer fue él quien le ayudó a descubrir a Íngrid el programa de Caracol Radio. Deduje que ella no había escuchado ninguno de mis mensajes durante los dos primeros años. Unos cien mensajes grabados para nada…. No podía detenerme en eso y dejarme hundir en la decepción. Si Íngrid me escuchaba ahora, debía redoblar los esfuerzos para tratar de hablarle. En un mapa de la selva, Luis Eladio me mostró las zonas en las que ella aún podía estar. Utilicé esas preciosas indicaciones para organizar mi último vuelo en avión y repartir otras fotos de sus hijos. Ahora más que nunca, Íngrid necesitaba noticias. Sobre todo que tampoco contaba con muy buena salud. Al parecer, sufría de una hepatitis B. Muchas veces los secuestrados se enferman gravemente. Luis Eladio me contó que él había tenido varios comas diabéticos y hasta un preinfarto. Íngrid se había ocupado mucho de él. "Ella me cuidó durante mi convalecencia", decía. Ambos se apoyaron mutuamente. Estaba feliz de que se hubieran encontrado...

Gracias a este relato, lograba imaginarme un poco más lo que le pasaba a Íngrid. Estaba seguro de que los guerrilleros la trataban muy mal. Pero no de que otros rehenes hubieran tratado de abusar de ella. Luis Eladio me juró que la había protegido y yo le agradecí cálidamente por ello. También me contó cómo los dos habían tratado de escaparse de ese infierno en julio de 2005. Lograron permanecer fuera del campamento durante cinco días. Habían huido con un pedazo de panela, algunas galletas saladas y tres anzuelos. Al principio Íngrid logró pescar un poco, pero los anzuelos terminaron perdidos en el río. Se hallaron sin víveres, desorientados en la inmensa selva, en la frontera con Brasil. Dada la humedad sofocante durante el día y el frío glacial durante la noche, creyeron morir de hipotermia y se rindieron finalmente a la guerrilla. Luis Eladio, más viejo y más frágil que Íngrid, se sintió durante mucho tiempo responsable de este fracaso. Sin hablar de las represalias, que fueron terribles. Íngrid y Luis Eladio fueron encadenados a un árbol 24 horas al día. La guerrilla les confiscó las botas. Los dos secuestrados debían caminar con los pies descalzos al cambiar de campamento, a pesar de las serpientes y los insectos de la selva amazónica.

La única nota optimista: Luis Eladio me contó que había hablado mucho de política con Íngrid durante su cautiverio.

Eso me tranquilizaba: las FARC no le habían robado todos sus sueños. ¡Los dos secuestrados habían incluso afinado un programa de gobierno! Estaba seguro de que si Íngrid era liberada, retomaría la antorcha política donde la había dejado y se convertiría un día en presidenta de Colombia. Su cautiverio le habría ayudado a tomar conciencia de algunos manejos sociales que podrían llevar al fin a una pacificación del país. Habría consignado incluso sus reflexiones en un cuaderno. ¡Una verdadera plataforma política! En julio de 2007, los dos rehenes fueron finalmente separados y enviados a campos diferentes. Luis Eladio no se volvió a cruzar con Íngrid sino una vez, tres semanas antes de su liberación. Sólo le dijo con un aire de fatiga: "Aprecia tu libertad, goza plenamente cada minuto de libertad, aprecia tu libertad...".

Estaba al mismo tiempo impresionado y tranquilo por todas sus revelaciones. Cada día, Íngrid podía morir en la selva. Pero si vivía, tendría sueños, una visión para el país. Y me amaba todavía... Es cierto que no hay mayor conversador que un rehén recién liberado: hablamos, hablamos y hablamos. De mil temas, sin ton ni son. En ningún momento me dio a entender que hubiera sucedido algo entre él e Íngrid en la selva, como lo sugirieron después los secuestrados norteamericanos. En la conmovedora carta dirigida a su madre en noviembre de 2007, Íngrid dice de su amigo Luis Eladio: "Fue mi apoyo, mi amparo, mi hermano". Preferí quedarme ahí. Aún si, un poco más tarde, fui testigo de una pequeña escena de celos en su casa, entre él y su esposa Ángela. Había visto un reportaje en las noticias que daba a entender otra vez un amorío entre Luis Eladio e Íngrid, durante su cautiverio. Yo no me metí. Sólo le dije a Ángela que no discutiera con su marido sobre eso. Ninguno de nosotros sabía por lo que ellos dos habían pasado. Yo estaba dispuesto a oír todo e incluso a olvidar todo, mientras recuperara a mi mujer. Sencillamente con la condición de que habláramos.

Ya me lo había advertido la psicóloga que estaba viendo. Muchas veces me aconsejó que me preparara "para cualquier eventualidad". Claro, Íngrid podría volver muy rápido y milagrosamente nuestra vida volvería a ser como antes. Sin embargo, era poco probable. Después de un año de cautiverio, a la mayoría de las parejas le cuesta mucho trabajo soportar el golpe. Los secuestrados vivieron cosas muy dolorosas. Forzosamente se abre un vacío. Honestamente, estaba plenamente consciente de que podíamos divorciarnos. En el mejor de los escenarios, si Íngrid todavía me amaba, como Luis Eladio y John Pinchao me lo habían asegurado, regresaría viva y lucharíamos para volver a tener una vida normal. Nos tomaríamos el tiempo que fuera necesario. Pero Íngrid podría no regresar y morir en la selva…

Al cabo de seis años, había tratado de racionalizar mis esperanzas y mis miedos. Según mis propias probabilidades, había un 25% de chance de que Íngrid no regresara nunca de la selva, un 25% de que regresara y salváramos nuestra pareja, y un 50% de que acabáramos divorciados, como los otros.

Pero si el amor fuera una ciencia exacta, eso se sabría. Había otro escenario que no me imaginé…

XII

"Juanqui, la vida sigue..."

Cuando Íngrid se fue para París, traté de comprenderla. Realmente. Viajó con sus hijos. Nunca pensé que ella me hubiera humillado a propósito en la pista del aeropuerto de Bogotá. Ni siquiera estoy seguro de que se haya dado cuenta de su frialdad hacia mí. Un mes más tarde, cuando volvimos a hablar de nuestro encuentro, ella todavía no daba su brazo a torcer. "Juanqui, no comprendo lo que me reclamas —insistió—. ¡Volví a ver las imágenes y te trato exactamente de la misma manera a ti que a mi mamá!".

Lo siento por ella (pero sobre todo por mí): apenas unos quince millones de personas, en Colombia y en el resto del mundo, pueden asegurar lo contrario...

Mientras Íngrid descansaba en París, los medios de comunicación en Colombia no terminaban de descifrar estas imágenes. Así que decidí esconderme durante unos días en donde una amiga, desconecté mi celular, la televisión, la radio, y me hice el muerto. Pero tuve que retomar mi trabajo y enfrentar las miradas de todo el mundo. Me hubiera gustado evitar ser el punto de atención. La gente no me hablaba sino de "eso". Íngrid, Íngrid, Íngrid. ¿Por qué Íngrid Betancourt se había ido para París?¿Por qué había dejado plantado a su marido? Y de hecho, ¿qué iba a pasar con el pobre Juan Carlos? ¡Luchar durante seis años para terminar plantado delante de todo el mundo! No hacían más que decirme "pobrecito", "estamos de tu lado" o también "vamos, ¡aguanta!". Algunos desconocidos me ofrecían su apoyo moral. Aun si esto nacía de buenos sentimientos, esta piedad me parecía insoportable. Prefería francamente que se burlaran de mí. Tampoco logré cortar con esto. Los caricaturistas se regocijaron también. Me dibujaron, aislado, con una Íngrid de cartón como única compañía. De hecho era muy divertido. Y sobre todo bien visto…

Para bajar la presión, di esa única entrevista, al periódico *El Tiempo*, una semana después de la liberación de Íngrid. Hace poco la leí nuevamente y refleja con mucha fidelidad lo que sentía en ese entonces. Cuando la periodista me pregunta si volví a ser feliz, le respondo: "Estoy en una situación complicada. No debo descartar la posibilidad de que todo haya terminado entre Íngrid y yo. Puede pasar. Hace tiempo que lo pienso. Su amor por mí se le puede haber acabado en la selva. ¿Y qué puedo hacer yo? Mientras ella se organiza, se pone al día, hay que darle tiempo al tiempo. Además, ya la esperé seis años y medio…". Sí, la amaba todavía. No, no estaba seguro de que pudiéramos retomar nuestra vida de pareja donde la habíamos dejado. Y sí, estaba listo a esperarla todavía un poco más.

Para mí, la puerta aún estaba abierta. Íngrid me había pedido que le diera dos o tres meses. En julio de 2008 hablamos muchísimo por teléfono. Casi todos los días Íngrid me contaba sobre su vida en París. Un día me dijo: "Soy feliz, duermo entre mis dos hijos. Me despierto en mitad de la noche y puedo tomarlos en mis brazos, abrazarlos. La vida es bella". Esto me sacudió. Pensaba en Mélanie y Lorenzo, en todos sus besos perdidos durante seis años. ¿Cuando uno ama a alguien, uno quiere su felicidad o no? Amaba a Íngrid y estaba sinceramente muy feliz por ella. Sólo con el tiempo tuve que hacerme a la idea de que tal vez no había lugar para mí en su nueva vida...

Cuando vuelvo a pensar, durante el mes de julio hablamos muchísimo, incluso esencialmente de cosas materiales. Íngrid hablaba mucho de plata. Al mismo tiempo esto era muy normal. Quería aprovechar su nueva libertad. "Juanqui, la vida en París es cara —me explicaba—. Además quiero llevar a los niños a las Seychelles, así que necesito dinero". Para vivir en París y llevar a Mélanie y a Lorenzo de vacaciones, Íngrid me pedía 50.000 dólares. Ignoraba en ese entonces que ella vivía en París por cuenta del gobierno francés (y que finalmente sería invitada a las Seychelles)[30]. Le propuse transferirle 30.000 dólares inmediatamente, es decir el monto del Premio Roma por la Paz y la Acción Humanitaria que había recibido en su nombre y que había guardado esperando su regreso. Esto no era suficiente para ella. Estaba un poco sorprendido. Le dije que no podía enviarle sino 10.000 dólares adicionales, con lo que dejaría vacía mi cuenta. Los tomó. No dije ni una palabra. Es mi lado macho: aquí un hombre debe poder cubrir las necesidades de su esposa. En esa época Íngrid tal vez ignoraba que yo había dejado de trabajar durante casi

---

30   Íngrid Betancourt tiene también la nacionalidad de las Seychelles después de haber vivido casi tres años allí, entre 1985 y 1988, época durante la cual Fabrice Delloye fue consejero económico de la embajada de Francia en Mahé, capital del país. Allí nació su hija Mélanie en septiembre de 1985.

cinco años para tratar de liberarla y que tuve que vender hasta mi apartamento.

Era oficial: ¡además de que me iban a engañar, ahora estaba completamente quebrado! Afortunadamente encontré un trabajo…

Íngrid no fue muy sensible a este gesto. Consignó el cheque considerando aún la suma muy insuficiente. Me pidió incluso que me endeudara. "Si no tienes más plata, sólo tienes que pedirla prestada —decía secamente—. ¡Pídeles a tus amigos!". No pude. Una vez más, no tuvo la delicadeza de agradecerme. Rápidamente me arrepentí de haber vaciado mi cuenta por ella. Pues necesitaba esta plata si debía rehacer mi vida sin ella…

Nuestras conversaciones comenzaron a espaciarse. Cada vez nuestras charlas eran amables, sin más. Me hacía ciertas preguntas sobre mi vida y mi trabajo. Yo le preguntaba cuáles eran sus proyectos. Me anunció que después de las Seychelles había programado una audiencia con el Papa, una gira por Europa y después por América del Sur. Tenía la impresión de estar tratando con una estrella de rock. Con cuidado tratábamos de evitar el tema de nuestros sentimientos. Sencillamente le dije que esperaba por lo menos que me abriera un pequeño espacio en su agenda de ministro, para que al fin nos encontráramos cara a cara. No le pedía más de dos horas. En verdad debíamos hablar.

Tres meses después de su liberación, todavía no la había visto a solas. Aun no estábamos separados oficialmente, pero estaba cansado de ser víctima de los acontecimientos. Entonces, el 19 de octubre de 2008 tomé una decisión radical: abandoné el dúplex de Íngrid y subarrendé el apartamento de una amiga que se fue a estudiar un año a Estados Unidos. La puerta estaba aún abierta para que nos reencontráramos. Sólo tomé algunas precauciones para blindarme. ¿Había abandonado el apartamento de Íngrid para siempre? Lo ignoraba. La prueba: sólo me fui con algo de ropa, algunas fotos, recortes de prensa y una vieja carta de Íngrid. El resto lo dejé en su lugar. Al cabo de seis años y medio simplemente comencé a protegerme, a anticipar las malas noticias.

Tuve razón. Íngrid volvió a Colombia a finales de noviembre. En una escala de 24 horas. Perdón por la imagen, mi piadosa Íngrid, pero la misa estaba cantada. A las seis de la tarde, recibí una llamada de la embajada de Francia para invitarme a cenar con ella. Gracias por la invitación. Acepté primero. Pero después me dio un arranque de orgullo y algunos sudores fríos. Forzosamente estaría lleno de periodistas y no me sentía capaz de someterme a eso. ¡La idea de hacer fila para que ella me diera unos minutos, eso era muy poco para mí! ¡Sólo quería ver a mi mujer en privado y no tener que pedir una audiencia! Entonces llamé de nuevo a la embajada de Francia para excusarme, explicando que mi padre estaba gravemente enfermo, lo que de hecho era verdad. Finalmente prefería estar al lado de mi padre. Íngrid me llamó entre el gentío. Insistió mucho. Creo básicamente que por una cuestión de imagen, pues le propuse que pasara por mi casa para hablar tranquilamente después de la cena y ella se negó. Incluso se rehusó a encontrarse conmigo en el hospital donde se hallaba mi padre.

"No, comprende, no puedo —me respondió Íngrid—. Cuestión de seguridad...". Le respondí: "Eso puedes decírselo a la prensa, pero no a mí. El carro blindado te lleva hasta la puerta, subes dos horas y hablamos". Precisión útil: vivía frente al club social de la Fuerza Aérea Colombiana en un barrio superseguro, con soldados por todos lados. Pero no, no vino. Sólo me preguntó si tenía la llave de "nuestro" apartamento. Sí, había conservado un juego. Ella agregó: "Enviaré a alguien para recogerlas". De malas por las cosas que dejé allá. Le devolví sus llaves y no me llevé nada.

Ahí no quedó la cosa. Íngrid volvió a llamar a la una de la mañana para invitarme de nuevo a la embajada al día siguiente. No fui.[31] Necesitaba que ella diera un paso hacia mí, por respeto a nuestra historia y a todo lo que yo había hecho durante su cautiverio. Nunca dijo gracias ni en público ni en privado. No me arrepiento de nada de lo que hice por mi mujer, esa no es la cuestión. Mi movilización fue normal, evidente. Pero eso no excusa a Íngrid de un mínimo de gratitud.

¿Acaso nuestro divorcio hubiera tomado un giro menos belicoso si yo hubiera ido a la embajada? Lo ignoro. Ya no quería que me vieran con ella en público. Su amigable palmadita en el aeropuerto me había lastimado terriblemente. Sentía todavía el cachete rojo…. Tal vez la situación se habría calmado si Íngrid hubiera aceptado ir hasta mi casa ese día. Desde su liberación sólo le hablé treinta minutos cara a cara. Francamente me merecía algo más que eso. Merecía respuestas a mis preguntas. Quería saber si ella me amaba todavía un poco, aun si no estaba psicológicamente preparado para una respuesta negativa. También tenía curiosidad de saber si había recibido en la selva algunos de mis mensajes. O lo que había hecho en tal o cual fecha. Si había pensado en mí en ciertos días cuando yo pensaba en ella, etcétera.

---

31   En una entrevista publicada en *Paris Match* (#3108) a su regreso de Colombia, Christine Ockrent le pregunta "¿Volviste a ver a tu marido en Bogotá?", Íngrid Betancourt responde: "Solo pasé unas horas. Su padre está en el hospital, gravemente enfermo. No pudimos vernos".

Aun si se obstinaba en no darme las gracias, ¿podría, al menos, hacerme sentir que no había sido totalmente inútil?

Como sea, en la demanda de divorcio que recibí después, Íngrid lamenta que no cumplí ninguna de las citas que me puso. La de la embajada es el primer ejemplo que cita. También me reprocha no haberme encontrado con ella para las fiestas de fin de año. Casi me corto las venas leyendo esto. En efecto, habíamos dicho que íbamos a encontrarnos en Miami para pasar Navidad juntos, festejar su cumpleaños (Íngrid nació el 25 de diciembre) y poner todo sobre la mesa. Era una cálida idea que me encantaba. Salvo que el 21 de diciembre mi padre entró en coma y su estado se agravó. Sentía mucho no poder encontrarme con ella, pero estaba más preocupado por la salud de mi padre y el desamparo de mi madre en esta prueba. Aparentemente una excusa no aceptable para Íngrid.

Las cosas se arruinaron desde el 1.º de enero de 2009 cuando comenzó a acosarme para que nos divorciáramos de manera amigable. Acababa de regresar de unas vacaciones de esquí, y no parecía, a mi modo de ver, muy dispuesta a ello. De pronto estaba muy afanada. No me oponía del todo a la idea. Sólo necesitaba un poco de tiempo. Máximo dos semanas. Traté de explicarle, pero ella no quería oír nada: conscientemente o no, estaba completamente desconectada del drama que yo estaba viviendo en ese momento. Acababa de pasar el peor Año Nuevo de mi vida. Y esta vez no tenía nada que ver con Íngrid. Pasé las fiestas solo con mi madre, en la sala de espera de cuidados intensivos. Mi padre de 75 años tenía un tumor muy grave. Pero esta operación, como última posibilidad, no funcionó. Mi hermano llegó. Le avisamos a mi hermana en Canadá. Era hora de decirle adiós.

El 10 de enero, los médicos me previnieron que mi padre iba a morir durante la semana. Le dije a Íngrid: "Por favor, ten un poco de paciencia, que mi padre muera, y después te prometo que firmo todos los papeles que quieras". Pensé que mostraría un poco de compasión. Creía que ella sentía algo de ternura por él. Se habían visto muchas veces. En todo caso mi padre quería mucho a Íngrid. Le había incluso escrito un poema conmovedor en 2005 durante su cautiverio.[32] Pero aparentemente se necesitaba algo más para conmoverla. Íngrid se rehusó a esperar. Era como un capricho... Nada le importaba, ni siquiera la muerte de mi padre.

Al día siguiente, 11 de enero, ella se apresuró a mandar a un abogado al hospital. Fue el día en que, oficialmente, dejé de amarla. Ya no reconocía a mi mujer.

El abogado quería que yo firmara los papeles ahí, rápidamente, en un corredor de hospital. Evidentemente me rehusé. Incluso sin ser hostil a la idea, tenía que leer los documentos tranquilamente. Llamé de nuevo a Íngrid para pedirle un pequeño aplazamiento. No mucho, la muerte de mi padre era realmente inminente. No quiso oír nada, tal vez no creyó.

Mi padre murió tres días después, el 14 de enero de 2009 a las 8:00 p. m.

Entre tanto, Íngrid pasó al siguiente nivel. Fin de la separación amigable. Como yo no había firmado los papeles del 11 de enero, como la señora lo exigía, pidió el divorcio por separación de cuerpos. Nada de culpas compartidas: de repente todo era mi responsabilidad... Estaba pasmado. Recibí la nueva solicitud del abogado la noche de la muerte de mi padre. No podía creerlo. No abrí el sobre

---

32   Ver el cuadernillo central de fotos.

inmediatamente. Íngrid me perdonará: organicé primero el funeral. Había que incinerarlo en Bogotá, llevar sus cenizas a Cartagena, organizar una ceremonia. Al mismo tiempo, buscar un abogado especializado en temas de divorcio. Era tragicómico: allegados y amigos me daban sus condolencias y yo le preguntaba a cada uno si me podían recomendar un abogado. Finalmente fue uno de mis primos, Juan Guillermo, quien me recomendó uno. Me decidí a defenderme como toca. En verdad, gracias, Íngrid: la cremación de mi padre tuvo lugar el viernes 16 de enero en la mañana y en la tarde tuve que abandonar a mi madre para reunirme con un abogado. Íngrid había transgredido un límite para mí imperdonable. ¿Cómo una mujer, que dice estar tan cerca de Dios, pudo dañar un instante tan sagrado? A mi madre también le costaría reponerse de ello. Había pedido tanto por Íngrid durante su cautiverio que no lo comprendió.

La familia se reunió en Cartagena el domingo 18 de enero. Mélanie y Lorenzo me llamaron para darme sus condolencias. Su sinceridad me conmovió profundamente. Gracias, niños. En verdad son buenas personas. No me habían olvidado por completo. Me siento orgulloso de haberlos conocido y de haberlos educado (un poquito).

Al otro día dispusimos las cenizas de mi padre en la cripta de la iglesia. En el momento en que estaba depositándolas en la urna, y no estoy inventando, mi teléfono celular vibró. No respondí. Era Íngrid. Su última llamada ese día. Me dejó un mensaje autoritario, frío. "He tratado de comunicarme contigo desde hace algunos días, para arreglar este tema del divorcio. Por favor, firma rápidamente. Sé que tu padre ha muerto, pero la vida sigue".

XIII

MI MUJER ES UNA EXTRAÑA

¿*Qué queda de nuestro amor?*
Fotos, me llevé por lo menos 40 cuando me fui de tu apartamento. *Algunas fotos, fotos viejas, de mi juventud…* Los dos con una sonrisa plácida en una playa dorada en Tahití. Ella y yo aún radiantes, el día de nuestro matrimonio en Bogotá. En una pista de esquí con los niños. O incluso en campaña electoral. Instantáneas de nuestra felicidad. Hay otras donde ella está ahí sin estar. Una donde poso con mi Íngrid de cartón. Marchando en una manifestación buscando su liberación. En avión sobrevolando la selva. Estas fotos fue lo único que quise guardar. Como prueba de que no había soñado y de que nuestra historia había sido verdad. Me llevé los negativos, algunos recortes de prensa y una vieja carta de amor que Íngrid me había enviado desde París en 1996. Una bella declaración donde dice que le devolví el gusto de amar. Sin embargo, destaqué una frase extraña, de la cual no me acordaba para nada: "Mi presente y mi pasado, las cosas bellas y menos bellas, todo eso soy yo, es mi vida". Puede ser que uno nunca conozca a alguien verdaderamente…

Quisiera comprender cuándo fue que Íngrid dejó de amarme, si es que ella misma lo sabe. Sé cuándo me sucedió a mí. Pienso que empecé por sentir dolor, después resentimiento, desde que puso los pies en Bogotá. Se dio nuestro tenso encuentro. Una verdadera cita fallida y dolorosa. Si al menos me hubiera dejado seguirla a París, habríamos tenido tiempo de hablar. Dicen que la falta de comunicación daña los matrimonios. En nuestro caso, aceleró nuestro divorcio. Demasiadas cosas pasaron. Hasta el día en que oficialmente dejé de amar a mi mujer: el 14 de enero de 2009 enterré nuestra historia junto con mi padre.

Para Íngrid la cuestión es más delicada, teniendo en cuenta los dramas que vivió. Más de seis años es demasiado largo. Me pregunto si en algún momento mi imagen comenzó a desvanecerse. Si dejó de soñar conmigo, de volver sobre nuestros recuerdos. Por mi lado, durante mucho tiempo me aferré a sus pruebas de vida. Cuando en 2003 me decía: "Te amo, el amor es como el agua que tarde o temprano encuentra su camino". O en la carta que le escribió en cautiverio a su madre en 2007, donde reitera: "Lo amo como el día en que contamos estrellas fugaces tendidos sobre la playa" y agrega entonces: "Si la vida nos lo permite, saldremos de esta prueba aún mas fortalecidos". Insisto en estas palabras, pues si he debido ver un indicio de que no me amaba, no lo vi.

Me pregunté si ella tenía que reprocharme el haberle enviado menos mensajes que su madre. ¡Nadie puede competir contra Yolanda en este campo! Le reconozco su perseverancia. Pero tenemos dos temperamentos muy diferentes. Gracias a ese favor, Yolanda pasaba sistemáticamente de primera en todas las emisiones. Mientras que, como en el caso de las otras familias, mis mensajes eran difundidos en horarios muy aleatorios. Espero que Íngrid haya oído algunos, o que alguien se los haya repetido. Cada vez le decía que la amaba. Íngrid debe saber que cada uno de sus allegados hizo lo que pudo. No siempre me sentía cómodo al expresar mis sentimientos delante de miles de oyentes sin siquiera estar seguro de que mi mujer pudiera oírlos. Prefería estar en la acción, sobre el terreno. Me decepcioné tanto al saber que no había encontrado ninguna de las fotos de sus hijos que yo había repartido en avioneta sobre la selva. Durante esos vuelos, tenía la impresión de hacer algo útil, reconfortante, sintiéndome al mismo tiempo cerca de ella. Por lo menos geográficamente.

Releyendo la última prueba de vida, la carta que le envió a Yolanda, puedo medir la importancia de su madre durante todo su cautiverio. Describiendo su miseria en la selva, Íngrid escribe: "Es un desierto de afecto, de solidaridad, de ternura, y es la razón por la cual tu voz es ese cordón umbilical que me relaciona con la vida. Sueño con abrazarte tan fuerte que quedaré incrustada en ti". Son palabras muy intensas. Agrega incluso: "En mis proyectos de vida, si algún día recobro la libertad, quiero, mamita, que pienses en vivir con nosotros, o conmigo". Promesa cumplida aparentemente hasta hoy. (Aquel que me reemplace en la vida de Íngrid queda prevenido). Si el amor puede marchitarse a causa de una serie de desilusiones y de malos entendidos, Yolanda no puede ser ajena a nuestra separación. Muchas veces discutí con la madre de Íngrid durante nuestras movilizaciones. Respeto muchas cosas en ella. Otras menos. Fue ella, sin embargo, quien regó el rumor de esa historia de adulterio imaginario. Yo creía haber aclarado las cosas. Tal vez debí desconfiar. Creo que ella no me quiere mucho. Algunos amigos me han contado que ella hablaba a veces mal de mí en sus mensajes de radio. Palabras enigmáticas del estilo: "Una persona que te conoce te traicionó". Si quiso perjudicarme, lo logró. Espero aclarar algún día todo esto con Íngrid.

A falta de haberlas discutido, muchas ideas se cruzaron por mi cabeza. También pensé que mi esposa se hubiera enamorado de alguien más. A partir de 2006, empezaron a hablarme de la existencia de parejas en la selva. No quise poner atención. En *Out of captivity*[33], el libro publicado después de su liberación, los tres norteamericanos detenidos con ella le añaden otro ingrediente. Keith Stansell, Thomas Howes y Marc Gonsalvez acusan a Íngrid de haber tenido una relación con el antiguo senador Luis Eladio Pérez, liberado en febrero de 2008 por la guerrilla. Como dije, lo conozco. Si es cierto, admiro el cinismo de este hombre quien cuando me reuní con él, me hizo pensar y me aseguró que Íngrid estaba todavía locamente enamorada de mí. Luis Eladio, quien también estaba casado, lo negó desde entonces. No sé qué pensar. Si tocaba enterarse de algo, pudimos haber hablado los dos. Si alguien la había reconfortado cuando lo había necesitado, me siento muy feliz por ella. Las FARC son tan crueles con sus rehenes. Es tan intolerable. No soy nadie para juzgar el comportamiento de nadie en tales condiciones. Sólo espero que Íngrid, en el fondo de ella, a pesar de la benevolencia de mi suegra, sepa que no amé a nadie durante su cautiverio. Si hubiera ocurrido, lo habría asumido. Una vez más, en vista

---

33   *Lejos del infierno*, Keith Stansell, Thomas Howes y Marc Gonsalvez, Planeta, 2009. Los tres norteamericanos fueron secuestrados en 2003 mientras trabajaban contra el narcotráfico para una oficina privada subcontratista del departamento de Defensa.

de los acontecimientos excepcionales que nos sucedieron, pudimos haber hablado y superar esto.

Si nos separamos es quizás simplemente por falta de suerte. Por un sombrío encuentro con las FARC, un día de febrero de 2002. En el lugar equivocado, en el momento equivocado. Desafortunadamente hay demasiados secuestros en Colombia para nutrir las estadísticas. Circulan en el país estudios según los cuales el 80% de las parejas se separa después del primer año de secuestro o más. Cuando se retoma la vida en pareja, esta se vuelve complicada. Los rehenes están destrozados. Difícilmente se les puede exigir que vuelvan a ser como antes. Al cabo de seis años, la esperanza se agarra apenas de unas ramas, por no decir que de las hojas. Es probable que no se pueda luchar. Muchas veces volví a pensar en Jorge Eduardo Géchem que fue liberado cuatro meses antes. Se reencontró con su mujer tiernamente en la pista del aeropuerto. Dos o tres meses después se separaron. Así es la vida. Simplemente me habría gustado ser tratado con esa misma dignidad.

Porque nuestro divorcio no será para nada bonito. Cuando Íngrid decidió atribuirme las culpas, después de haber arruinado las exequias de mi padre, me dije a mí mismo que había que devolver golpe con golpe. Dejar de poner siempre la otra mejilla. Había recibido demasiadas bofetadas. Después de más de seis años de luchar por su liberación, no permitiría que nadie dijera que era por culpa mía que nos habíamos separado. Para replicar, mi abogado decidió acusarla de infidelidad, basándose en el libro de los norteamericanos. El resultado: Íngrid asegura ahora que soy un drogadicto, que no le di plata y que frecuento prostitutas. Es horrible. Me sentí tranquilo al leer ciertas reacciones en los medios de comunicación. Cuando el periódico *El Espectador* reveló que Íngrid me acusaba de infidelidad y de toxicomanía, me tranquilizó leer que todos los comentarios de los lectores (un buen centenar) me defendían. Si no había conmovido a mi mujer, por lo menos había convencido a la opinión pública colombiana sobre mi integridad y mi indefectible apoyo a Íngrid. En cambio, los comentarios hacia ella eran mucho menos agradables. Afortunadamente no tuve problemas con mis clientes en el trabajo. Era la última cosa que necesitaba a los 50 años, en el momento en que retomaba mi vida desde cero.

Sin embargo, tenía curiosidad de saber qué alma caritativa había inventado semejante historia. Lo supe leyendo los papeles de divorcio. Es uno de nuestros "amigos" comunes, de Íngrid y mío, que vive en España. Trabaja en publicidad y sé que sueña con convertirse en productor de cine. Sospecho que está esperando que Íngrid lo deje colaborar en la futura superproducción hollywoodense que narrará su vida. Contó que durante una de sus visitas a Colombia, fuimos a una discoteca. Saliendo de los baños yo le habría confiado haberme "metido" un pase de cocaína. Asegura también que al día siguiente fuimos los dos a "pagarnos unas prostitutas". Eso no me inquieta, pues es completamente falso. Simplemente espero que Íngrid no sea tan ingenua. O es que de verdad ya no me conoce para nada.

No me explico todavía por qué ella, una ferviente católica, aceleró de repente el divorcio, a riesgo de pisotear el duelo de mi padre. Si le daba miedo que yo me aferrara a ella y a nuestro amor pasado, que esté tranquila: ya no la amo. No me explico cómo Íngrid, que estuvo tan destrozada por la muerte de su propio padre, pudo infligirme esto. No parece ser ella. No parecía ser ella. Incluso si cambió profundamente en la selva, aun si dejó de amarme, aun si no le intereso

ya, ¡Dios sabe que ella conservó la fe! ¿O acaso es que por
ser menos creyente que ella, mi pena era menos grande?
Su reacción fue muy poco caritativa. O puede que no haya
nada que comprender.

Quizás, de repente, tuvo unas ganas irreprimibles de
terminar conmigo. No sé...

¿Por qué hacernos tambalear de repente en una separación tan áspera? Mi primer divorcio había sido bastante
tranquilo. Pasé diez años con mi primera esposa. Arren-
damos nuestro apartamento. Me fui sólo con mi ropa.
Le dejé el carro y todo quedó arreglado. Punto. Conocí
lo suficiente a Íngrid como para saber que había sufrido
mucho con el doloroso divorcio de sus padres. Un día,
Yolanda, que languidecía un poco en su vida como madre
y devota esposa de diplomático, se fue de la casa y punto.
La reacción de su marido fue radical: vendió la casa y los
muebles de la familia ese mismo día, solicitó el divorcio y
exigió (¡y obtuvo!) la custodia exclusiva de sus dos hijas.

Yolanda y Gabriel Betancourt se ignoraron durante años
antes de reanudar relaciones cordiales. Fue un escándalo
en esa época, en la alta sociedad de Bogotá. ¡Treinta años
después, no estamos siendo más discretos! ¿Será que un
día podremos hablar de nuevo tranquilamente sobre todo
esto? ¿Por qué Íngrid comenzó con las hostilidades de
esta manera?

Mi única suposición hasta ahora gira alrededor del
dinero. Ella hablaba mucho acerca de sus necesidades
financieras después de su liberación. Ella no era así antes.
Atribuyéndome la responsabilidad del divorcio, tal vez
está evadiendo la repartición de los bienes. Yo no tengo
nada más que dar, ella lo sabe. De su lado, no sé de qué
se trata. Era dueña de su apartamento antes de nuestra

unión. Durante nuestro matrimonio adquirimos dos
activos en el extranjero: la hermosa cabaña en Jackson
Hole, en Wyoming, donde fuimos a esquiar cada año, y
un pequeño apartamento en París, en el quinto distrito.
Otra especulación, también me dije que hubiera querido
acelerar el divorcio porque estaba a punto de recibir una
gran suma de dinero. Tal vez se ganó el premio gordo.
¿Será que Íngrid firmó un lucrativo contrato y tenía miedo
de tener que compartirlo conmigo? No sé, cualquier cosa
puede uno imaginarse. ¡Ella había comentado que estaba
trabajando en un proyecto de una película sobre sus seis
años en poder de las FARC! Le vendió los derechos de su
historia y su próximo libro a la productora norteamericana
Kathleen Kennedy[34], una cercana colaboradora de Steven
Spielberg. Estoy ansioso de ver eso.

Sí, mi esposa se convirtió en una estrella de cine.

Una mujer inaccesible que no se dignó en darme más
de treinta minutos en memoria de los buenos tiempos.
Nos amamos, dimos juntos una batalla política, además
luché por ella sin descanso cuando estuvo retenida por las
FARC. Durante seis años puse mi vida entre paréntesis. Y
luego, nada. Puff, se fue.

En los meses que siguieron a su liberación, cuando me
preguntaban por Íngrid, no tenía nada que decir. A menudo, para guardar las apariencias, exageraba con la escasa
información que me había dado y lo que había leído en
Internet. A veces bromeaba: "¡Hagan como yo, lean los
periódicos!". Para escapar a la presión de los medios de

---

34   Kathleen Kennedy produjo tres de los filmes más populares de la
historia del cine. *E.T.*, *Jurassic Park* y *Sexto sentido*, con Steven Spielberg, Gerald
R. Molen y Frank Marshall, respectivamente.

comunicación, tomé un segundo teléfono celular. Tengo todavía el antiguo, el de la movilización, que consulto muy rara vez. Mi nueva línea está dedicada a mis amigos y a mis clientes. Ningún periodista tiene ese número. No sé qué decirles. ¿Conocen ustedes a muchos maridos que tienen que "googlear" a sus mujeres para saber que está pasando con ellas?

Es a través de los medios de comunicación que he seguido el periplo de mi esposa: Íngrid en París, Íngrid en el Vaticano, Íngrid en las Seychelles, Íngrid en las Naciones Unidas, Íngrid de gira en América del Sur, Íngrid en Estados Unidos, Íngrid en Hollywood. Fue así como, en octubre de 2008, me enteré de que su nombre circulaba en los arcanos de un prestigioso comité de Oslo. Desde su liberación, Íngrid no regresó sino por veinticuatro horas a Colombia. Mi esposa se ha convertido realmente en una extraña.

Ya no la veo, ya no la reconozco. ¡Casi tuve una esposa premio Nobel de la Paz en octubre de 2008! Su lucha lo merece, sin duda, si retoma la antorcha política para liberar a los otros miles de rehenes anónimos que no tuvieron el mismo despliegue que ella en los medios. En cambio, me sorprendí, como muchos, al enterarme de que su comité de apoyo había alquilado una sala en un hotel y había convocado a una rueda de prensa "en caso de". ¿Íngrid creía realmente en eso? ¿Su entorno creía por ella? Un comunicado sobre su "victoria" (muy prematuro dado el resultado) fue incluso enviado bajo embargo a las redacciones.[35] Al final, el Premio Nobel de la Paz de 2008 fue

---

35   El sitio web rue89.com reveló la información en una nota titulada "Comunicado de la clarividencia". Extracto: "Con la concesión del Nobel de la

otorgado al ex presidente finlandés Martti Ahtisaari, que ha sido mediador en los últimos años en muchos conflictos internacionales, especialmente en Kosovo. Ese día me dije a mí mismo que Íngrid no tenía los pies en la tierra. Vivía en otro mundo, en otra dimensión, donde yo ya no existía ni tampoco mis pequeños estados de ánimo. Sospecho incluso que ella misma le cogió gusto a esa celebridad, a ese estrellato. Amé a una mujer política con una causa bella y justa, y cierto apetito por la fama. Sin embargo, en ese momento, me pareció casi arrogante.

No obstante, trato de entender. No puedo impedir imaginármela un poco aturdida por ese torbellino de los medios de comunicación y, definitivamente, desconectada por completo de ciertas realidades de este mundo. No me hago ilusiones: no soy el único en pensar eso. El año pasado, me tranquilicé al saber que Noël Saez, ex delegado de Francia en Bogotá, a cargo del caso de Íngrid, estaba también decepcionado. La calificó incluso de "ingrata"[36]. "Íngrid Betancourt, arriesgué mi vida por ella", dijo. "Ella recorrió el mundo, agradeció a los grandes, al Papa, al Presidente y a otros, y luego se olvidó de algunos, de los más pequeños, más vulnerables, los que arriesgaron más". Yo no lo habría dicho mejor... Saez cuenta que también logró decírselo en México en enero de 2009, y que ella

Paz a Íngrid Betancourt, el Comité Nobel ha decidido enviar un fuerte mensaje a los secuestradores y terroristas que juegan impunemente con la libertad de cada ser humano. Nuestro grupo lo acoge con satisfacción porque a través del Comité Nobel, es el mundo entero el que no abdica frente a aquellos que creen que pueden animalizar los seres humanos". Declaración publicada en el sitio www.rue89.com/2008/10/09/communique-voyance-Íngrid-betancourt-prix-nobel-de-la-paix.

36   Véase el artículo del semanario *Le Point*, 4 de marzo de 2009. Noël Saez se expresó durante una conferencia con motivo de la publicación de su libro, *El emisario*, publicado en 2009 por Éditions Robert Laffont.

habría reconocido que era cierto. Eso es todo lo que pido. Yo no le reclamo el Premio Nobel al mejor marido. Sólo unas palabras.

En septiembre de 2009, me enteré de que había ido a Canadá a una invitación de Reporteros sin Fronteras (RSF), para recibir el Premio Internacional al Coraje Femenino (25.000 dólares que le debieron calentar el corazón). "Ahora todo lo que importa para ella es su fundación que trabaja por la liberación de rehenes políticos en el mundo", aseguró un miembro de RSF. Espero que tenga razón. Nadie puede culpar a una Íngrid por tomarse el tiempo para reencontrarse y disfrutar de sus hijos. Pero nunca regresó a Colombia. Y después de dieciocho meses de esperar, cientos de familias ignoran si pueden contar con ella. Hoy pienso en mi amiga Magdalena. Su hijo, Elkin Hernández Rivas, está en poder de las FARC desde el 14 de octubre de 1998. Fue capturado durante un ataque a Paujil en el Caquetá, a la edad de 22 años. Ya perdió todos sus años de juventud. Cada vez que su madre prepara sus platos favoritos, sancocho, lengua en salsa o arroz con leche, piensa en su Elkin que sólo debe comer fríjoles en la selva. La familia esperó diez años antes de bautizar a Lina María, una sobrina, con la esperanza de que Elkin fuera su padrino. La ceremonia finalmente tuvo lugar sin él. Lamentablemente, durante el cautiverio de Íngrid, tuve tiempo de escuchar cientos de historias como estas.

Durante el primer año después de su liberación, al no tener ningún medio de contacto, Magdalena me llamaba todos los meses para pedirme que la convenciera de movilizarse por su hijo y los otros secuestrados: "¡Estoy desesperada, por favor, dile a Íngrid que nos ayude!". Al principio, le respondía que Íngrid tenía que descansar un poco. Y entonces, después de unos meses, tuve que confesarle que ya no hablaba con Íngrid y que no podía hacer nada por ella. Sinceramente estaba afligido. Comprendo a estas familias. Están aniquiladas y ya no saben a quién recurrir. Los años pasan y no sucede nada. Durante seis años he desempeñado un papel importante en la lucha por Íngrid. Ahora que es libre, quisieran que ella no abandonara a los otros. Magdalena dijo públicamente que Íngrid los había olvidado. Estas familias no entienden que para ella sea más importante escribir un libro que ayudar a sus compañeros en cautiverio. Dicen que ella sabe mejor que nadie lo que significa estar secuestrado, que podría realmente hacer una diferencia gracias a su enorme reputación y a sus contactos, que podría hablar con muchos presidentes. Ellos no comprenden por qué ella los abandonó.

Íngrid dio a entender que reanudaría la lucha política. Le preguntaron en un programa durante su visita a Canadá [37] en septiembre de 2009. Ella respondió: "Sí, por supuesto, tengo sueños y quisiera retomar la política, pero ya no tengo ningún deseo de hacer una política que pase por determinados peajes. No quiero pactar. Mi lucha era una lucha contra la corrupción y cuando estaba en la selva, me di cuenta de que esta lucha valió la pena". Íngrid era una política muy notable, honesta, comprometida, motivada por sus convicciones y la expresión de la verdad. Me pregunto cómo, en retrospectiva, ella explica su liberación. Bajo el efecto de la emoción, el 2 de julio de 2008, ella expresó su profundo agradecimiento a su antiguo enemigo, el presidente Álvaro Uribe, por su papel determinante en

---

37   Entrevista en el programa *Tout le monde en parle*, en Canadá, el 28 de septiembre de 2009.

la operación de rescate de los quince rehenes. Ella quería que "los colombianos y los rehenes supieran que podemos confiar en nuestro ejército". Nunca tuvimos la oportunidad de hablar de nuevo. Realmente me gustaría saber si aún sonríe, pensando de nuevo en nuestro trayecto con el general Mario Montoya Uribe, el día de su liberación. ¿Recordará ella el escenario hollywoodense que nos pintó al explicar los detalles de la Operación Jaque? El ejército colombiano había eludido la vigilancia del comandante a cargo de los rehenes, Gerardo Aguilar Ramírez, alias *César*. Me pregunto, como muchos colombianos, si la historia es tan simple. Un año más tarde, leí que ese mismo *César* había sido extraditado a Estados Unidos. Las FARC también lo han acusado de ser un traidor a la causa y de haber sido cómplice en la operación, a cambio de una recompensa. No lo sé. Quisiera entender. Estados Unidos estaba seguramente al corriente de todo. Tres estadounidenses hacían parte de los quince rehenes liberados y un avión norteamericano los esperaba en Colombia, listo para repatriarlos al final de la operación. Dos días después de la liberación de Íngrid, Radio Suisse Romande (RSR) afirmó que algunos miembros de las FARC habían recibido 20 millones de dólares por liberar a los rehenes. Bogotá lo desmintió. Me pregunto si Íngrid, como muchos colombianos, tiene dudas al respecto. Al gobierno no le gusta que se hagan muchas preguntas sobre ese asunto. Se ha atrevido a congraciarse con algunas familias de los rehenes políticos, para que no hagan mucho ruido, ofreciéndoles puestos en el gobierno, proponiéndoles contratos, trabajo... Esto le sucedió a la hija de una ex senadora recientemente liberada que, hasta donde sé, todavía está en el cargo.

Íngrid está escribiendo un libro y espero con ansiedad leerlo. Tal vez hallaré respuestas a mis preguntas. Probablemente es una locura esperar cualquier cosa. Una parte de mí está convencida de que ni siquiera citará mi nombre, como si nunca hubiera existido. Como si hubiera sido despedido después de algunos buenos y leales servicios. Vamos a ver. No me sorprenderé al saber que ella le atribuye su liberación a su madre, en Colombia, y a su hermana Astrid, en Francia. Que así sea. Por suerte todavía me queda *La rabia en el corazón*, su primer libro, donde desempeño un mejor papel. Ella me había dedicado en su libro: "A Juanqui, el creador de mi felicidad, el compañero de mis sueños, mi ángel, mi amor". Esta pequeña nota está fechada en noviembre de 2001, tres meses antes de su secuestro. Pensar que en ese entonces nos amábamos con locura.

¿Qué queda de todo eso? Díganmelo...

XIV
Querida Íngrid

"Cuando sea liberada, su reacción podrá sorprenderte", me había advertido mi psicóloga. "Sorprender", la palabra es frágil. Sí, Íngrid, me sorprendiste. Me decepcionaste. Me molestaste. Me afligiste. Me heriste, también...

Como una feliz coincidencia, celebré el primer aniversario de tu liberación, el 2 de julio de 2009 en París. No estaba en Colombia, y no fue peor. Apagué mi teléfono celular para escapar a los medios de comunicación que querían ver mi reacción. Sabía lo que me iban a preguntar: cómo estabas, qué había sido de ti, cuándo regresarías a Colombia, si soñabas con volver a la política, lo que pensabas hacer para ayudar a los demás rehenes, tus "hermanos" que se quedaron en la selva... El problema es que yo no sabía absolutamente nada. Y no tenía especial interés en compartir mi ignorancia.

Desde de tu fría acogida, el día de tu liberación en la pista del aeropuerto de Bogotá, nadie en Colombia, ni en el resto del mundo, ignora que entre nosotros nada será como antes. La pasión que una vez nos unía se apagó después de tus seis años de cautiverio. Esto no es culpa tuya ni mía. Sólo de las

FARC. Una organización inhumana y criminal que desde 1964 ha destruido miles de vidas y familias en nuestro país. Combatientes sin ideología comprados por los narcotraficantes. De sus sueños marxistas, igualitarios, no queda nada. El mismo Che Guevara había condenado el secuestro como medio de lucha política. El secuestro es lo peor para las familias. Durante seis años, estos hombres te humillaron, encadenaron, te privaron de tu libertad de expresión, de tus hijos, del amor de tus seres queridos. Hubo momentos en que tu muerte me habría parecido más dulce que este sufrimiento. Tu sufrimiento, el mío y el de tus seres queridos. Las FARC han puesto el cursor del horror y de la inhumanidad realmente muy, muy bajo... Estos guerrilleros no tienen ningún escrúpulo en guardar silencio durante años, sin dar la más mínima prueba de vida a las familias. Es una prueba espantosa.

Nunca lo negaré: cualquiera se habría quebrado por tales sufrimientos. Tu familia se había preparado y yo también. Me imaginé de todo durante seis años. Que murieras en cautiverio, que regresaras a casa sana y salva y te lanzaras a mis brazos, o —el escenario más realista— que regresaras, que nada fuera como antes, y que termináramos por divorciarnos como buenos amigos. Es cierto: nunca consideré la posibilidad de que no me concedieras sino unos minutos cara a cara, que te lanzaras en el primer avión a París, y no nos viéramos nunca más. No me digas que esto es un resumen. Fue así como las cosas pasaron para mí.

Que hubieras tenido la necesidad de hacer un balance, de reunirte con tus hijos, nadie discute eso. Que hubieras dejado de amarme, también puedo aceptarlo. ¿Es posible aún amar después del cautiverio? Tal vez no. Tal vez te he decepcionado por alguna razón que ignoro. Tal vez piensas que no hice lo suficiente. Tal vez piensas que no hice lo que tocaba. Tal vez simplemente dejaste de pensar en mí un día. Tal vez conociste a alguien más. Puedo comprenderlo todo. Lo que no puedo soportar es que no te hubieras molestado en decirme a la cara lo que sentías. Desde tu liberación, hallaste el tiempo para ver al Papa y a los grandes de este mundo, pero no le concediste una entrevista a un hombre —tu marido— que luchó por ti desinteresadamente.

No me merecía eso. Te amé con locura durante catorce años, incluyendo seis de cautiverio. No elegí convertirme en marido de un rehén, pero muy sinceramente, no creo haber reaccionado tan mal dadas las circunstancias. Un marido que deja de trabajar durante cinco años, se moviliza sin descanso, gasta todo lo que tiene y arriesga su vida por la mujer que ama tiene derecho a un mínimo de reconocimiento, ¿o no? Lo repito, no estoy pidiendo el Nobel, sólo un mínimo de gratitud. Habrías podido igualmente evitarme una herida adicional, tomándote la molestia de citarme, una o dos veces, en tus letanías de agradecimiento. Me merezco, al menos, una mención en nombre de lo que vivimos juntos, creo. Un simple "gracias" me habría llenado y evitado una nueva humillación pública. Que nuestro amor no sobreviva a esta tragedia, así es la vida. Pero que pongas cara de ignorar lo que hice por ti, es pura ingratitud...

Mientras que le hallabas de nuevo gusto a la vida en Europa, en las Seychelles, en Estados Unidos y en otras partes, yo me quedé en Colombia. Tuve que enfrentar la mirada de los demás. Tanto en mi trabajo como publicista, como en la calle. Mientras estabas secuestrada, mi amor y mi lucha por ti suscitaron reacciones muy diversas: mucha indiferencia, una gran exasperación, a veces admiración, según el caso. Pero lástima, nunca. Descubrí este extraño e insoportable sentimiento cuando te volviste a ir. Algunos conductores de taxis a los que no les estaba preguntando nada, me hablaban de repente de tu "ingratitud". Algunos desconocidos me ponían la mano sobre el hombro, como diciendo "todo eso para esto". Prefería incluso que se rieran abiertamente de mí.

¿Querida Íngrid, sabes que un grupo de apoyo se formó para mí en Internet? Se llama "Fundación Juan Carlos Lecompte para la Rehabilitación del Esposo Humillado".[38] Una organización sin ánimo de lucro, puedes estar tranquila, cuyo principal objetivo es "proporcionar apoyo psicológico con el fin de rehabilitar a los maridos abandonados, plantados y despreciados por sus esposas ex secuestradas". Francamente, me parece muy divertido. Aparezco en fotos con un halo (¡no hubiera pedido tanto!). Incluso se propusieron seminarios. Tengo una debilidad por el que aborda la espinosa pregunta: "¿Qué hacer cuando mi suegra me odia? Estos internautas lo entendieron bien. También afirman: "Los fondos recaudados se utilizarán primero para borrar, sin dolor, las huellas dejadas por la desafortunada decisión de Juan Carlos Lecompte de dedicar su vida a un proyecto sin futuro. El primer objetivo será, obviamente, quitar el tatuaje en su brazo izquierdo". Claro, esto es una broma. Pero como decía, prefiero esto. Que se burlen gentilmente de mí y no que se apiaden. Cuestión de orgullo.

Cuando me diste esa palmadita en la mejilla al bajar del avión después de tu liberación, tuve la sensación,

---

38   Ver en Facebook: Fundación Juan Carlos Lecompte para la Rehabilitación del Esposo Humillado.

repito, de recibir una terrible bofetada delante de todo el mundo. Una enorme cachetada, te lo aseguro. Creo que no había recibido semejante bofetada desde mi juventud. Recuerdo que un día, cuando tenía 15 años, me hice perforar la oreja a escondidas de mis padres. Vivía todavía con ellos, así que siempre tenía cuidado de quitarme el arete cuando llegaba a casa. Un día, claro, se me olvidó. Cuando mi padre lo vio, no dijo una palabra, sólo me dio una fuerte bofetada. Siempre creí que jamás recibiría una cachetada tan dolorosa en mi vida. Hasta el 2 de julio de 2008. ¡Claro, si la hubiera recibido en privado, lejos de las cámaras de televisión, probablemente me hubiera dolido menos! Me temo que es una escena que nunca olvidaré. Más de un año después, siento todavía la mejilla caliente por la humillación...

El verano pasado regresé a París. No para participar en un comité de apoyo y hacerte liberar, no. Para hablar de ti, sí, pero de otra manera. Fui a Francia para firmar un contrato editorial para la publicación de este libro. Pensarás quizás que estoy haciendo esto por dinero. No me importa. No es cierto. Pero tienes derecho a pensar lo que quieras. Este contrato es, con toda seguridad, muy modesto en comparación con los grandes proyectos hollywoodenses en los cuales estás trabajando.

Pero este no es el punto.

Me creas o no, este libro lo escribí primero para mí, para hacerme bien a mí. Para recordar lo que viví contigo durante trece años. Que nos amamos de verdad. Que nos casamos. Que formamos una familia. Que amé a tus hijos. Que teníamos sueños. Que luchamos por la misma causa política. Que arriesgaste tu vida y perdiste seis años por esta causa. Y que no pasé seis años sin hacer nada.

Cerca de dos mil rehenes están ahora en manos de varios grupos armados en Colombia. No puedo imaginar el calvario por el que atraviesan. En cambio, conozco bastante bien la angustia de las familias que esperan el regreso de sus seres queridos. Por supuesto, nuestro sufrimiento no es nada comparado con el de los rehenes. Nuestro infierno es más suave. No estuve encadenado, no fui rebajado. No conocí el miedo, el frío, las privaciones. Tenía un techo sobre mi cabeza, un refrigerador lleno, dormía en una cama caliente y podía llamar a mi familia cuando quería. Tenía una conexión a Internet. Todo esto es incomparable. Nunca diría que nuestro sufrimiento, el de las familias, es más grande. Sólo digo que existe. Que también somos víctimas colaterales de las FARC. Aun si nos divorciamos, Íngrid, nunca me arrepentiré de haber luchado por la mujer que amaba. Pero debes aceptar que, yo también, perdí seis años de mi vida. No es tu culpa, Íngrid. No hago parte de los que dicen, aún hoy, que "te secuestraron porque te metiste en la boca del lobo". No, no es tu culpa si ambos perdimos todos estos años. Tal vez debí protegerme más. No vender mi apartamento, no dejar de trabajar, no dedicarme exclusivamente a tu liberación. Quizás habría caído menos fuerte. No te hago responsable de todos mis sufrimientos, Íngrid. Sólo quiero decir que estoy esperando de ti un mínimo de compasión y de respeto.

Yo no entiendo lo que nos pasó desde tu liberación. No te reconozco.

Tal vez cambiaste en verdad. Tal vez decidiste vivir tu vida, disfrutarla sin mí. Tal vez no te das cuenta de que cambiaste. Pienso de nuevo en las palabras que le dijiste a Luis Eladio Pérez, antes de su liberación. "Aprecia tu libertad, disfruta plenamente de cada minuto de libertad, aprecia tu libertad...". Tal vez decidiste, conscientemente o no, que no tenías tiempo que perder conmigo. ¿Al punto de olvidarte de darme las gracias, aunque fuera una sola vez? ¿Al punto de no darme dos o tres horas de tu tiempo para que nos separáramos como toca? ¿Al punto de no poder esperar una semana, mientras mi padre se estaba muriendo, para que yo firmara los papeles del divorcio? ¿Te volviste tan famosa, tan inaccesible, que ya no contamos contigo, Colombia y los otros secuestrados?

¿Qué pasó contigo? Te vi cuando pasé por París. En la televisión, en el noticiero de la noche. Te habías cortado el pelo. Te quedaba bien. Parecías estar en forma. Mejor. Te habían dedicado un reportaje. Durante todo el programa, tus palabras fueron sólo bondad. Decías que perdonabas a tus secuestradores (me perdonas si no comparto ese sentimiento). Decías que todos los rehenes, incluso aquellos que te hicieron daño, eran tus hermanos. Decías que hoy Dios es el que te guía en todas tus acciones y tus gestos (¿debo deducir entonces que fue Él quien perdió mi dirección?). Decías que no habías olvidado para nada a los demás rehenes. Al mismo tiempo, hablabas mucho de tus proyectos de cine en Hollywood. Estaba un poco perdido...

Debo pasar la página. Cuando voy a entregar este manuscrito, me entero de que mi amigo Herbin Hoyos tiene que huir de Colombia. Caracol Radio, la estación donde presenta *Las voces del secuestro*, se enteró de que la guerrilla preparaba un atentado contra él. Hace quince años que abre los micrófonos de su emisión nocturna a las familias de los rehenes colombianos. Él sabía que estaba amenazado. Ya había recibido "advertencias". Pero esta vez fue la peor. Quiere transmitir su programa desde Madrid, donde estará más seguro. Admiro su determinación: para él no existe ninguna posibilidad de que abandone el programa que él mismo creó después de haber sido secuestrado durante 17 días en 1994.

Cuando fuiste liberada, Herbin me pidió seguir la lucha a su lado. El año pasado, me invitó a un *tour* de una semana, con cientos de motos, atravesando una parte de Colombia.

Decliné la invitación. Me dijo: "¡La gente va a decir que ahora que Íngrid ha sido liberada, no haces nada por los demás!". Es posible y lo asumo. La verdad es que no podía faltar a mi trabajo por tanto tiempo. Pero confieso también que no tengo ni su valor ni su abnegación. Yo también recibí mi cuota de amenazas y de llamadas nocturnas cuando me movilizaba por ti, Íngrid. Cuando fuiste liberada, quería ante todo recuperar el sueño… que no recobré inmediatamente. Creo que quisiera ser un poco egoísta por un tiempo. Necesito pensar un poco en mí. Volverme a centrar en mi vida. Reconstruirla, de hecho. Incluso llamé a mi psicóloga para decirle adiós. Se especializa en las familias de los secuestrados y, teóricamente, no tiene motivos para preocuparse por mí. Me deseó buena suerte para el futuro. Sabe que hay trabajo.

Acabo de celebrar mis 50 años, y hay que rehacer todo. En una edad en que otros ya han construido algo, no tengo nada. ¡Ni esposa, ni hijos, ni apartamento! Todo lo vendí o lo perdí. Dejé de trabajar. Hoy me sumerjo en mi trabajo, en la publicidad, en lo que sé y me gusta hacer. Durante mis pocos momentos libres, juego golf, para olvidar. Un buen golfista es un tipo que no tiene preocupaciones en la vida. Así que podemos decir que aspiro a convertirme en un muy buen golfista… Si tengo algún consejo que darles a los cónyuges de los rehenes es nunca dejar de esperar, luchar por el ser amado, pero pensar en protegerse un poco. ¡Debí haber escuchado a mi madre! No estaba de acuerdo en que dejara de trabajar. Estaba muy brava cuando vendí mi apartamento. ¡Y estaba muy enervada cuando me hice tatuar tu rostro en el brazo izquierdo! Tenía razón...

Quiero volver a ser Juan Carlos Lecompte. Recordar quién era ese tipo original con el cual estabas tan feliz de casarte en Moorea. ¿Recuerdas? ¿Piensas a veces en ello? Durante nuestros primeros seis años de matrimonio, viví en tu sombra. Puse mi talento al servicio de tus ideas. Durante los seis años siguientes, estuve, muy a mi pesar, en primer plano. Ya no era yo, sino "el marido de Íngrid". Seguía trabajando para ti, pero lo que estaba en juego era mucho más vital que una simple elección. Habías desaparecido y yo también.

Yo tampoco soy el mismo. Me enfrenté a la dureza de la vida política. Por el poder, en primer lugar, a través de ti. Después solo, por una buena causa, por ti. Ya no soy el hombre despreocupado que amaste. Critiqué públicamente a la guerrilla, a mi propio gobierno. Discutí con tu madre. Renuncié a mi intimidad. Dejé entrar a los periodistas a mi casa para hablar de ti. ¡Tú, que apreciabas tanto mi discreción, te habrías sorprendido!

Tal vez de todas maneras me habrías dejado de querer de habernos encontrado: mis amigos me dicen que me he vuelto más serio. No es una crítica, sólo una observación. Posiblemente. Sin embargo, creo que hoy anhelo un poco de informalidad. Recuperar parte de la despreocupación del joven de Cartagena, un poco diletante, que sólo quería desafiar las grandes olas. Quiero disfrutar la vida, desarrollarme en mi trabajo, jugar golf, divertirme y un día, espero, volverme a enamorar. ¿Casarme? ¡Quién sabe! Vivir otra bella historia de amor, ojalá que sí, espero. Mi vida no ha terminado...

Este libro es un trozo de mi vida. Con mis alegrías, mis esperanzas y mis tristezas. Lo escribí para pasar la página de una vez por todas y que no me hagan más preguntas. Todo lo que el marido de Íngrid tenía que decir está consignado en este libro. Eso es todo. Después, no volveré a hablar de esto.

Por supuesto, me quedan muchas preguntas sin respuesta. ¿Podríamos haber salvado nuestro matrimonio? No lo sé. ¿Al menos habernos divorciado con menos amargura? Claro que sí. Con los "si" podemos imaginarnos muchas cosas. Si hubieras sido más amable conmigo al bajar del avión, si hubieras pasado un día en Bogotá después de tu liberación, si me hubieras dejado ir contigo a París, si me hubiera entendido mejor con tu madre, si hubieras sido más sensible con el luto de mi padre... Aun si tu amor por mí murió en la selva, creo que merecía más consideración que la que tuve. Tal vez cambiaste. Tal vez yo también. Tal vez no te diste cuenta de nada. O tal vez vives ahora en otro mundo en donde no pierdes el tiempo con estas pequeñeces... Tal vez estás por encima de todo. ¡A veces tengo la impresión de que me estoy divorciando de Dios!

Mi querida Íngrid, vuelve a la tierra, por favor. ¿Sacarás algún día tiempo para hablar un poco conmigo? ¿Tomar café durante un par de horas, sólo tú y yo, en privado, sin tu madre mejor?

No estoy escribiendo este libro para hacerte daño, sino para hacerme bien. Para cerrar un capítulo de mi vida. Aun si sé que ya no te amo, quiero recordar por qué te amé. De lo contrario, mi larga y dolorosa lucha no habría tenido sentido. Y si tú, por tu parte, también dejaste de amarme, no te preocupes. Eso pasa. Sólo quisiera que recordaras que tu marido se movilizó por ti con todo su cuerpo y con todo su corazón.

Verás, Íngrid, finalmente este es un libro sobre el amor.

París y Bogotá, abril de 2010

Anexo 1

Una semana después de la liberación de Íngrid Betancourt, Juan Carlos Lecompte le concedió una entrevista a María Isabel Rueda para *El Tiempo*. En ella habló de sus sentimientos y desmintió los rumores sobre las causas del distanciamiento de la pareja. Esta es la entrevista:

Espero que esta entrevista lo libere de todas las conjeturas acerca de su relación con su esposa Íngrid, después de su rescate, para que los medios dejemos de perseguirlo. ¿Es cierto que a usted lo bajaron del avión que la condujo a Francia?

Eso no es verdad. La determinación de que yo no iba a acompañarla a Francia la tomamos conjuntamente a las cinco de la mañana del jueves. Ella me había contado que quería estar con sus hijos, porque siente cierta culpabilidad de no haberlos visto crecer.

¿Se siente ella culpable por la forma como prácticamente se les entregó a las Farc?

No. Ella no siente culpabilidad por eso, porque una de sus primeras declaraciones fue que si pudiera volverlo a hacer, lo haría.

Pero en una declaración posterior corrigió, al admitir que con ello había sometido a su familia a un padecimiento muy grande.

Por eso. Lo repetiría si no fuera mamá, ni hija, ni esposa. Yo la conozco bien y sabía que me iba a pedir un tiempo sola con sus hijos. Yo le respondí que interiormente me había preparado para eso durante todos estos años. Ella ha sufrido mucho; y ahora que está libre no se merece ninguna molestia y estuve perfectamente de acuerdo.

Usted, que fue muy activo estos seis años para la liberación de Íngrid, se encontró muy pronto con diferencias que surgieron con Yolanda y con Astrid, la hermana de Íngrid. ¿En qué consistieron?

Cada cual tiene sus métodos. Yo hice y dije cosas que no fueron de gusto para la familia. Por ejemplo, lanzar las fotos de los niños desde el avión. Ella no recibió ninguna, pero cuando llegamos a la casa de mi suegra le mostré unas fotos actuales de ellos antes de que los viera al otro día. Se emocionó muchísimo.

¿Sintió que lo maltrataron por esas diferencias en los primeros momentos del reencuentro con Íngrid?

Sí, ese día me maltrataron, pero me maltrataron más durante el secuestro. Y viéndolo bien, nunca tuve una buena relación ni con la mamá ni con la hermana. Durante el secuestro se armaron dos bandos en los últimos años: uno, Yolanda y Astrid, y el otro, Fabrice, los niños y yo.

¿Cómo se enteró del rescate de Íngrid, la noticia que más esperó durante seis años?

Herbin Hoyos, el director de *Las voces del secuestro*, me llamó el miércoles a las dos de la tarde y me dijo que no sabía cómo, pero que Íngrid estaba libre. Yolanda también me llamó insistentemente, pero yo tenía el celular en buzón. Se presentó un coronel de la Policía en mi casa y le pedí el favor de que me llevara a Catam, adonde llegué primero que nadie.

¿Cómo había soñado ese encuentro?

Me siento muy feliz con su rescate, pero debo admitir que yo esperaba otra cosa. Esperaba un fuerte abrazo, nada de besos, porque estábamos en público.

¿Y no hubo un fuerte abrazo?

No hubo un fuerte abrazo. Ahí me puse a un lado, con mucha dignidad. Jamás he sido protagonista en la vida pública de Íngrid. Mi papel siempre ha sido el de ayudarla en lo que he podido, en asesorarla, pero no en figurar a su lado. Hacía la tarea como publicista, luego me sentaba con ella y le mostraba lo que había hecho.

Recuerdo que usted se inventó la camiseta del elefante que le sirvió a ella de uniforme durante sus brillantes debates sobre el proceso 8.000...

Me inventé lo del elefante, lo de "sólo la verdad", lo de Oxígeno, pero yo no estaba en la foto al lado de ella cuando sacó 150.000 votos. Muchos colombianos ni me conocían cuando la secuestraron, y esa discreción mía le gustaba a Íngrid. Ese día en el aeropuerto, sentí un poco que hacía ese papel. Y aunque me 'friqueó' el impacto inicial, que el abrazo no era el que esperaba, estar ahí, a un ladito, no me humilló para nada.

Su único papel ahí fue cargarle la mochila...

Ella llevaba al hombro una mochila que se veía que le pesaba mucho, yo se la quité y la cargué todo el tiempo. Esa noche me dijo que me había traído un regalo, y del bolso sacó esta manilla que estaba metida entre una cantidad de plásticos. Yo pensé que era una camisa o un tejido, y después de quitar todos esos plásticos, apareció la manilla, que ella misma me puso.

¿Qué fue lo primero que se dijeron en el instante del encuentro?

Yo tuve la oportunidad de hablar con ella por teléfono cuando despegaba el avión de Tolemaida. Ella me dijo: "¡Por fin estoy libre, por fin se acabó esta pesadilla!". Y yo le decía: "Claro, Nini; claro, Nini...". Mi sueño era un abrazo de tres o cuatro minutos. En la casa sí se lo di así de largo.

Con derecho o sin él, por morbo o por curiosidad, todo el mundo estaba pendiente se esos detalles, y la conclusión fue que las cosas no iban a ser como antes... ¿Cuánto llevan de casados?

Llevamos trece años juntos. Vivimos sin casarnos unos años, y lo hicimos el 30 de enero del 97, hace ocho años, de los cuales ella duró cinco secuestrada. Primero nos casamos en Moorea por el rito polinesio, pero eso era complicadísimo, y resolvimos después casarnos por lo civil.

¿Alcanzó a tener en mente que cuando ella recuperara la libertad podía suceder lo que pasó?

Sí. Pero el episodio del aeropuerto lo he tomado con beneficio de inventario, porque a diferencia de Luis Eladio, quien caminó 20 días planeando lo que iba a decir cuando lo liberaran, Íngrid, dos horas antes de su rescate, estaba amarrada a un palo. Excepto por su mamá y sus hijos, no se le puede pedir mucha claridad a sus sentimientos, porque ella debió llegar sumida en una nebulosa, en una gran confusión. Yo sí tenía la esperanza de que este fuera el año de su liberación por las otras liberaciones que hubo. Pero calculé que sería por ahí en noviembre, diciembre.

Ese era el mensaje que yo le enviaba a través de *Las voces del secuestro.*

¿Usted le enviaba muchos mensajes?

No tanto como hubiera debido. Pero tengo mi conciencia tranquila, hice lo que pude. Por ejemplo, fue idea mía la toma de la Catedral por parte de los familiares de los secuestrados, el haber lanzado las fotos de los niños, las seis fotovallas de tamaño natural que mandé a París, a Bruselas, a Madrid... De pronto sí me faltó mandar mensajes más frecuentes, como lo hacía todos los días la mamá de ella.

¿Es cierto que a Íngrid le molestó que usted hubiera escrito un libro sobre su secuestro?

No creo. De hecho me, pidió que se lo metiera en la maleta porque se lo iba a leer.

En las imágenes iniciales que se tomaron dentro del avión, fue evidente que los hijos de Íngrid lo quieren mucho...

Eso es cierto. Desde el comienzo tuvimos una excelente relación, y estoy seguro de que eso influyó mucho para que ella se casara conmigo.

¿Considera injusto que se diga que a Íngrid la esperaban no uno sino dos maridos?

Uno es el papá de los hijos.

De quien siempre se ha referido en términos muy cariñosos...

Sí, porque ellos tienen una relación como de hermanos. Íngrid me lo ha dicho toda la vida, y hacía mucho esfuerzo para que yo fuera amigo de Fabrice. Al principio fui un poco renuente, tal vez por celos, pero nos hicimos amigos después del secuestro. No hay que confundir amor con civilización. Fabrice es un bacán. Pero, por ahora, el marido soy yo.

¿Siente alguna amargura por los comentarios que se hacen de su relación con Íngrid? Que si lo abrazó, que si no, que si lo besó, que si no, que si lo miró, que si no... Hasta Osuna lo caricaturizó con la lengua afuera...

Pues Osuna puede tener razón, pero eso a mí no me importa. Ver a Íngrid feliz al lado de sus hijos es mi felicidad. Una escena divina que me voy a llevar hasta la tumba es cuando subimos al avión y ellos se encontraron. Ese beso y abrazo con llanto que se dieron los tres es una de las cosas más impresionantemente lindas. Claro que hubiera preferido que hubiera sido un poco más cariñosa conmigo, no tan fría, pero es que un secuestro es una cosa muy complicada y uno no puede calcular el amor de esa manera. Además, quién sabe qué cosas oyó o le contaron de mí en su secuestro, como una supuesta relación que tuve con una mexicana.

¿Usted salía con una mexicana?

Fue un chisme que me inventaron. Y llegó hasta Francia, por lo que los niños en una oportunidad me recibieron un poco fríos. Pero yo les dije: "Vengan para acá, esto es así, y así, y listo". Y también me inventaron algo con una prima de ella. Chismes hay los que usted quiera. Y ella allá en la selva debió enterarse. Hasta donde yo oí, la mamá, que era su cordón umbilical, nunca me mencionó, pero me han contado que a veces le decía a Íngrid que yo la había desilusionado, defraudado.

Usted también estuvo secuestrado todos estos años. No podía ser feliz, porque no se hubiera visto bien. Ni infeliz, porque la vida tenía que seguir. Ni salir con una amiga, porque era chisme seguro. ¿Fue una vida en interinidad?

Sí. Entré a formar parte y a trabajar casi tiempo completo en una empresa que se llamaba Familiares de secuestrados, donde uno ejerce una labor muy ingrata y desagradecida. Se vuelve el leproso de las fiestas. Esa empresa cerró, se quebró y yo me quedé sin empleo. Pero tengo una vida, tengo que trabajar, tengo que producir. Yo cumplí en la espera y ahora voy a seguir mi vida.

¿Cree que esa interinidad de su vida acabó ya?

¡Uff! Ya terminó. Ver a Íngrid feliz me hace feliz. Pero no hay felicidad completa, porque en este momento quisiera estar con ella. Anoche hablamos, Fabrice me llamó y me la pasó. Es un detalle de él. Y ella, como si nada hubiera pasado. Estoy confundido, no sé qué pensar.

Hoy no están separados, pero tampoco están juntos. ¿Entonces, qué va a hacer ahora? ¿Se va a quedar esperándola?

Yo voy a rehacer mi vida. Quiero trabajar en lo que a mí me gusta que es la publicidad. Hay proyectos que están apareciendo, amigos que me quieren ayudar, quiero ser productivo, pero quedan otros secuestrados, y ojalá yo pudiera seguir ayudando. Y que lo haga también Íngrid, con esa notoriedad que tiene. Con esa creatividad que la caracteriza, ojalá se le ocurra algo para destrabar este tema ahora que tiene los ojos del mundo encima.

Supongo que lloró mucho durante estos años. ¿Después del rescate de Íngrid y por la forma como han sucedido las cosas, ha llorado nuevamente?

No he llorado. El amor también es ver feliz a tu pareja aunque no esté contigo. Anoche me dijo que dormía con sus hijos uno a cada lado, y que se levantaba por la noche y los besaba.

Usted está feliz porque ella está feliz. ¿Cuándo piensa ser feliz por usted mismo?

Pues es una situación complicada en la que estoy. No debo descartar que se haya acabado todo con Íngrid. Puede pasar. No sólo lo pienso ahora, sino desde antes. El amor por mí pudo habérsele acabado en la selva. ¿Y qué puedo hacer yo? Mientras ella se organiza, se pone al día, hay que darles tiempo a las cosas. Si ya la esperé seis años y medio....

¿Planea empezar a reconstruir su vida sentimental con alguien más?

No, no. Todavía no.

¿Pero hoy de quién depende la decisión de conservar ese matrimonio?

No sólo Íngrid, yo también he madurado un secuestro. Voy a retomar mi vida, a ver qué proyectos hay de trabajo, y encarretarme en ello va a ser mi desfogue. Ella sabe donde estoy el día en que quiera volver. Pero, mientras tanto, y aunque eso no suceda, con Íngrid o sin ella, mi vida va a seguir de la manera más normal que pueda. ¿Y sabe qué me gustaría? Que esta fuera mi última entrevista. Quiero quitarme de encima el morbo de los medios.

En los últimos meses usted fue muy duro con el gobierno. ¿Hoy qué piensa del presidente Uribe?

Se lo contesto con un ejemplo: si usted me quema el carro, y después salva a mi papá, yo le agradezco que lo haya salvado, pero sí le digo que se portó como un cerdito al quemar mi carro. Ya el tiempo se estiraba mucho, Uribe lleva seis años en el poder y nada pasaba. Pero ante ese operativo tan impecable, sólo tengo agradecimiento.

Anexo 2

A partes de la declaración de Íngrid Betancourt, el 2 de julio de 2008, en la pista de la base militar en el aeropuerto de Bogotá.[39]

"La operación militar fue una operación perfecta. Les debo mucho a los medios de comunicación. Si no hubiera sido por ustedes, quizás no estaría viva. Pudimos soñar, pudimos mantener la esperanza viva. Me desperté esta mañana diciéndome que tal vez alguien sería liberado hoy.

Esta mañana, a las 5:00 de la mañana, oí a mi mamá. Iba a tomar el avión para Francia. Pensé, de pronto esta vez no me toca. Me hicieron empacar. Y una hora después llegaron unos helicópteros, y nos dijeron que todos íbamos a subir y que nos iban a llevar a ver a un jefe de las FARC y que nos iban a trasladar a otro sitio para mejorar nuestras condiciones de cautiverio.

Mi corazón latía muy fuerte. Eran helicópteros blancos y sentí que era importante. Nos hicieron cruzar el río, todos con un guardia guerrillero armado al lado. Los helicópteros llegaron y algunas

---

39   Declaración difundida por la televisión colombiana y transmitida en directo a diferentes países, entre ellos Francia.

personas salieron. Decían que eran delegados de yo no sé qué cosa. Y yo miraba todo esto y decía: '¿Pero esta gente quién es? ¿Qué ONG?. Tenían camisetas del Che Guevara, y me dije: 'Esto no es una ONG, ni una acción humanitaria'. Nos dijeron que ya nos podíamos subir al helicóptero, pero que teníamos que subir esposados.

Subimos y nos hicieron poner dizque unas chaquetas blancas que porque íbamos a un clima frío. Cerraron las puertas y cuando subimos, sucedió algo importante. Vi al comandante que tantas veces había sido cruel con nosotros. Lo vi en el suelo, empeloto, con los ojos vendados. No crean que sentí felicidad. Sentí mucha lástima por él.

El jefe de la operación dijo: 'Somos el Ejército Nacional. Están en libertad'. El helicóptero casi se cae porque saltábamos, gritábamos, llorábamos, nos abrazábamos. Este es un milagro que quiero compartir con todos ustedes, porque yo sé que todos ustedes sufrieron, con mi familia, con mis hijos, sufrieron conmigo. Normalmente es en Israel donde suceden estas cosas. Hoy hay que saber que el ejército colombiano es capaz de hacer este tipo de operación tan bien como Israel. Le pido a Dios que esto nos permita a todos los colombianos pensar que la paz es posible. Gracias, Colombia; gracias, Francia. Todos los colombianos que vayan a Francia sabrán que son bienvenidos.

Pienso en todos aquellos que no regresarán jamás. Pienso en todos aquellos que murieron en manos de la guerrilla, extranjeros, niños, mujeres embarazadas. En todos los secuestrados colombianos: los vamos a sacar de allí. Hay que hallar una unión nacional para todos los colombianos para ayudarnos a sacarlos de allá.

Mi familia tenía miedo de una intervención militar, pero siempre pensé que era la mejor solución. Le agradezco al presidente Uribe. Actuaron de manera impecable. Todo el mundo está vivo, no hay un solo herido. Quisiera que los colombianos y que los secuestrados sepan que podemos confiar en nuestro ejército".

Planeta

España
Av. Diagonal, 662-664
08034 Barcelona (España)
Tel. (34) 93 492 80 00
Fax (34) 93 492 85 65
Mail: info@planetaint.com
www.planeta.es

Paseo Recoletos, 4, 3.ª planta
28001 Madrid (España)
Tel. (34) 91 423 03 00
Fax (34) 91 423 03 25
Mail: info@planetaint.com
www.planeta.es

Argentina
Av. Independencia, 1668
C1100 Buenos Aires
(Argentina)
Tel. (5411) 4124 91 00
Fax (5411) 4124 91 90
Mail: info@eplaneta.com.ar
www.editorialplaneta.com.ar

Brasil
Av. Francisco Matarazzo,
1500, 3.º andar, Conj. 32
Edificio New York
05001-100 São Paulo (Brasil)
Tel. (5511) 3087 88 88
Fax (5511) 3087 88 90
Mail: ventas@editoraplaneta.com.br
www.editoriaplaneta.com.br

Chile
Av. 11 de Septiembre, 2353, piso 16
Torre San Ramón, Providencia
Santiago (Chile)
Tel. Gerencia (562) 652 29 43
Fax (562) 652 29 12
www.planeta.cl

Colombia
Calle 73, 7-60, pisos 7 al 11
Bogotá, D.C. (Colombia)
Tel. (571) 607 99 97
Fax (571) 607 99 76
Mail: info@planeta.com.co
www.editorialplaneta.com.co

Ecuador
Whymper, N27-166,
y Francisco de Orellana
Quito (Ecuador)
Tel. (5932) 290 89 99
Fax (5932) 250 72 34
Mail: planeta@access.net.ec

México
Masaryk 111, piso 2.º
Colonia Chapultepec Morales
Delegación Miguel Hidalgo 11560
México, D.F. (México)
Tel. (52) 55 3000 62 00
Fax (52) 55 5002 91 54
Mail: info@planeta.com.mx
www.editorialplaneta.com.mx
www.planeta.com.mx

Perú
Av. Santa Cruz, 244
San Isidro, Lima (Perú)
Tel. (511) 440 98 98
Fax (511) 422 46 50
Mail: rrosales@eplaneta.com.pe

Portugal
Planeta Manuscrito
Rua do Loreto, 16-1.º Frte.
1200-242 Lisboa (Portugal)
Tel. (351) 21 370 43061
Fax (351) 21 370 43061

Uruguay
Cuareim, 1647
11100 Montevideo (Uruguay)
Tel. (5982) 901 40 26
Fax (5982) 902 25 50
Mail: info@planeta.com.uy
www.editorialplaneta.com.uy

Venezuela
Final Av. Libertador con calle Alameda,
Edificio Exa, piso 3.º, of. 301
El Rosal Chacao, Caracas (Venezuela)
Tel. (58212) 952 35 33
Fax (58212) 953 05 29
Mail: info@planeta.com.ve
www.editorialplaneta.com.ve

Grupo Planeta   Planeta es un sello editorial del Grupo Planeta   www.planeta.es